中欧前沿观点丛书

蔡舒恒 —— 著

灵敏应变

高度不确定环境下的管理

SWIFT RESPONSES
TO CHANGES

MANAGEMENT IN
THE VUCA ERA

上海交通大学出版社
SHANGHAI JIAO TONG UNIVERSITY PRESS

内容提要

本书以"灵敏应变"为核心主题,探讨企业如何在不断变化且充满挑战的商业环境中,通过灵敏应变实现适应与发展。全书涵盖动态能力、吸收能力、组织韧性、数据驱动等关键概念,借助欧莱雅、华为、理想汽车等知名企业的案例,生动地展现了理论的实际应用效果。本书强调,企业要在动荡的市场环境中生存并取得成功,必须具备灵敏应变的能力。凭借翔实的理论论述和丰富的案例研究,本书旨在引导企业在持续的市场波动中把握机遇、迎接挑战,从而在竞争中稳固立足。同时,本书为企业提供了一套完整的应对不确定性的工具和思路,帮助企业开阔视野,稳步前行。

本书可供企业管理者以及管理专业师生阅读。

图书在版编目(CIP)数据

灵敏应变:高度不确定环境下的管理/蔡舒恒著.
上海:上海交通大学出版社,2024.10(2024.12重印)—(中欧前沿观点丛书). —ISBN 978-7-313-31724-7

Ⅰ. F272

中国国家版本馆 CIP 数据核字第 2024QZ1178 号

灵敏应变——高度不确定环境下的管理
LINGMIN YINGBIAN——GAODU BUQUEDING HUANJING XIA DE
GUANLI

著　　者	蔡舒恒			
出版发行	上海交通大学出版社	地　　址	上海市番禺路 951 号
邮政编码	200030	电　　话	021-64071208
印　　制	苏州市越洋印刷有限公司	经　　销	全国新华书店
开　　本	880mm×1230mm　1/32	印　　张	7.625
字　　数	126 千字			
版　　次	2024 年 10 月第 1 版	印　　次	2024 年 12 月第 2 次印刷
书　　号	ISBN 978-7-313-31724-7			
定　　价	68.00 元			

中欧前沿观点丛书（第三辑）
编委会

院长的话

中欧国际工商学院（以下简称"中欧"）是中国唯一一所由中国政府和欧盟联合创建的商学院，成立于 1994 年。背负着建成一所"不出国也能留学的商学院"的时代期许，中欧一直伴随着中国经济稳步迈向世界舞台中央的历史进程。30 年风雨兼程，中欧矢志不渝地追求学术和教学卓越。30 年来，我们从西方经典管理知识的引进者，逐渐成长为全球化时代中国管理知识的创造者和传播者，走出了一条独具特色的成功之路。中欧秉承"认真、创新、追求卓越"的校训，致力于培养兼具中国深度和全球广度、积极承担社会责任的商业领袖，被中国和欧盟的领导者分别誉为"众多优秀管理人士的摇篮"和"欧中成功合作的典范"，书写了中国管理教育的传奇。

中欧成立至今刚满 30 年，已成为一所亚洲领先、全球知名的商学院。尤其近几年来，中欧屡创佳绩：在英国《金融时报》全球百强榜单中，EMBA 连续 4 年位居第 2 位，MBA 连续 7 年位居亚洲第 1 位；卓越服务 EMBA 课程荣获 EFMD 课程认证体系认证，DBA 课程正式面世……在这些高质量课程的引导下，中欧同时承担了诸多社会责任，助力中国经济与管理学科发展：举办 IBLAC 会前论坛"全球商业领袖对话中国企业家"和"欧洲论坛"，持续搭建全球沟通对话的桥梁；发布首份《碳信息披露报告》，庄严做出 2050 年实现全范围碳中和的承诺，积极助力"双碳"目标的实现和全球绿色发展。

在这些成就背后，离不开中欧所拥有的世界一流的教授队伍和教学体系：120 位名师教授启迪智慧、博学善教，其中既有学术造诣深厚、上榜爱思唯尔"高被引学者"榜单的杰出学者，又有实战经验丰富的企业家和银行家，以及高瞻远瞩、见微知著的国际知名政治家。除了学术成就之外，中欧对高质量教学的追求也从未松懈：学院独创"实境教学法"，引导商业精英更好地将理论融入实践，做到经世致用、知行合一；开辟了中国与世界、ESG、AI 与企业管理和卓越服务四大跨学科研究领域，并拥有多个研究中心和智库，被视为解读全球环境下中国商业问题的权威；受上海市政府委托，中欧领衔创建了"中国工商管理国际案例库（ChinaCases. Org）"，已收录高质量中国主题案例 3 000 篇，被国内外知名商学院广泛采用。

从 2019 年起，中欧教授中的骨干力量倾力推出"中欧前沿观点丛书"，希望以简明易懂的形式让高端学术"飞入寻常百姓家"，至今已出版到第三辑。"三十而励，卓越无界"，我们希望这套丛书能够给予广大读者知识的启迪、实践的参照，以及观察经济社会的客观、专业的视角；也希望随着"中欧前沿观点丛书"的不断丰富，它能成为中欧知识宝库中一道亮丽的风景线，持续发挥深远的影响！

在中欧成立 30 周年之际，感谢为中欧作出巨大贡献的教授们，让我们继续携手共进，并肩前行，在中欧这片热土上成就更多企业与商业领袖，助力推进中国乃至世界经济的发展！

汪泓教授

中欧国际工商学院院长

杜道明（Dominique Turpin）教授

中欧国际工商学院院长（欧方）

2024 年 6 月 1 日

总　序

今年正值中欧国际工商学院成立 30 周年，汇集中欧教授学术与思想成果的"中欧前沿观点丛书"（第三辑）也如期与读者见面了。

对于中欧来说，"中欧前沿观点丛书"具有里程碑式的意义，它标志着中欧已从西方经典管理知识的引进者，逐渐转变为全球化时代中国管理知识的创造者和传播者。教授们以深厚的学术造诣，结合丰富的教学经验，深入浅出地剖析复杂的商业现象，提炼精辟的管理洞见，为读者提供既富理论高度又具实践指导意义的精彩内容。丛书前两辑面世后，因其对中国经济社会和管理问题客观、专业的观察视角和深度解读而受到了读者的广泛关注和欢迎。

中欧 120 多位教授来自全球 10 多个国家和地区，国际师资占比 2/3，他们博闻善教、扎根中国，将世界最前沿的管理思想与中国管理实践相融合。在英国《金融时报》的权威排名中，中欧师资队伍的国际化程度稳居全球前列。中欧的教授学术背景多元，研究领域广泛，学术实力强劲，在爱思唯尔中国高被引学者榜单中，中欧已连续 3 年在"工商管理"学科上榜人数排名第一。在学院的学术研究与实境研究双轮驱动的鼓励下，教授们用深厚的学术修养和与时俱进的实践经验不断结合国际前沿理论与中国情境，为全球管理知识宝库和中国管理实际贡献智慧。例如，学院打造"4＋2＋X"跨学科研究高地，挖掘跨学科研究优势；学院领衔建设的"中国工商管理国际案例库"（ChinaCases. Org）迄今已收录 3 000 篇以中国主题为主的教学案例，为全球商学院教学与管理实践助力。同时，中欧教授提交各类政策与建言，涵盖宏观经济、现金流管理、企业风险、领导力、新零售等众多领域，引发广泛关注，为中国乃至全球企业管理者提供决策支持。

中欧教授承担了大量的教学与研究工作，但遗憾的是，他们几乎无暇著书立说、推销自己，因此，绝大多数中欧教授都"养在深闺人未识"。这套"中欧前沿观点丛书"就意在弥补这个缺憾，让这些"隐士教授"走到更多人的面前，让不曾上过这些教授课程的读者领略一下他们的学识和风范，同时也让上过这些教授课程的学生与校友们重温一下曾经品尝过的思想佳肴；更重要的是，让中欧教授们的智慧与知识突破学术与课堂的限制，传播给更多关注中国经济成长、寻求商业智慧启示的读者朋友们。

今年正值中欧 30 周年校庆，又有近 10 本著作添入丛书书单。这些著作涵盖了战略、营销、人力资源、领导力、金融财务、服务管理等几乎所有管理领域的学科主题，并且每本书的内容都足够丰富和扎实，既能满足读者对相应主题的知识和信息需求，又深入浅出、通俗易懂。这些书虽由教授撰写，却都贴合当下，对现实有指导和实践意义，而非象牙塔中的空谈阔论；既总结了教授们的学术思考，又体现了他们的社会责任。聚沙成塔，汇流成河，我们也希望今后有更多的教授能够通过"中欧前沿观点丛书"这个平台分享思考成果，聚焦前沿话题，贡献前沿思想；也希望这套丛书继续成为中欧知识宝库中一道亮丽的风景线，为中国乃至世界的经济与商业进步奉献更多的中欧智慧！

以这套丛书，献礼中欧 30 周年！

主编

陈世敏

中欧国际工商学院会计学教授，

朱晓明会计学教席教授，副教务长及案例中心主任

李秀娟

中欧国际工商学院管理学教授，

米其林领导力和人力资源教席教授，副教务长（研究事务）

2024 年 6 月 5 日

目　录

第 1 章

瞬息万变：
商业环境的新常态

在新冠疫情期间，全球商业环境经历了一场彻底的变革。这场变革源自新冠病毒的迅猛传播、疫情的全球蔓延，以及卫生政策的频繁调整，使得企业面临着前所未有的挑战。从全球供应链的中断到市场需求的急剧波动，再到员工和客户行为模式的根本性改变，这一系列因素导致商业环境的不确定性水平达到了前所未有的高度。新冠疫情可能正在重新塑造我们的世界观，改变我们的思维模式，重新定义我们的日常生活，也对全球经济、社会结构、政治格局和科技发展等方面产生了广泛而深远的影响。

这场变革一发而不可收，对企业的战略规划、运营方式和决策流程都产生了深刻久远的影响。企业被迫进行认真的反思，并制定全新的战略以适应不断变化的形势。在这个动荡的时代背景下，建立一套固定的最佳实践几乎是不可能的。这迫使企业的管理者变得更加灵活，能够快速做出反应，并不断重新评估战略和商业模式。同时，这也催生了企业更加依赖数据驱动进行决策的趋势，以更好地预测和应对快速变化的环境。此外，这种高度不确定性还加强了企业与利益相关者之间的沟通与合作，以共同面对风险和挑战。

随着新冠疫情的消除，企业需要从中吸取哪些教训？

首先，企业迫切需要认识到高度不确定性已经成为商业环境的新常态。其次，企业必须深入探究这种不确定性的根源及其对企业的影响。最后，企业应该明白，在快速变化和高度不确定的背景下，传统的战略制定方法已不再有效，唯有通过快速制定战略决策，方能在这种高速变化的商业环境中保持竞争力。这是企业在这个新的商业现实中获得成功的关键。那么，企业应如何调整战略目标并进行快速的战略决策？企业应该如何提升未来的适应力和韧性？本章将帮助企业深刻理解高速变化和不可预测的商业环境，并提供快速制定战略决策的方法，帮助企业开辟新的战略管理思路。

高速变化、不可预测的商业环境

在当今全球格局下，风险的显著性和复杂性正在不断上升，蔓延至我们生活的各个角落，投下了深深的阴影。只需浏览一下过去的新闻头条，就足以清楚地看到这一现实。我们面临的挑战范围之广令人震撼，包括一系列不可预测的破坏性事件。从新冠疫情流行的深远影响，到网络诈骗犯罪的不断出现，全球战乱不断，再到自然灾害的毁灭性加剧，以及令人不安的核废水排放，这一系列事件都有一个共通之处——我们必须彻底改变对风险的认知和管理方式。

高速演变的现实从根本上改变了我们对风险管理的理解。高速度，即风险以惊人的速度出现，以及不可预测性，即便是最精心制定的计划也可能在瞬息之间变得毫无价值，这已经成为当代商业环境的标志性特征。造成这种不确定性的因素错综复杂，多种多样，正反映乌卡（VUCA[①]）时代的不可控性。

技术变革

高速的技术变革无疑是当今商业环境中最引人注目的特征之一。科学技术的持续进步和不断创新已成为推动市场、产业和商业模式快速演变的关键因素。这种快速的变革经常对企业的战略决策、竞争地位以及生存能力产生深远的影响。新技术的涌现通常难以提前准确预测，这使得企业常常面临未知的风险，但与此同时，也有可能迎来前所未有的机遇。这种不可预测性意味着企业需要更具灵活性和适应性，以迎接突如其来的挑战并抓住新的机会。

例如，以"生成式人工智能"（generative AI）为核心

---

① VUCA 是一个英文缩写词，代表 volatility（波动性）、uncertainty（不确定性）、complexity（复杂性）和 ambiguity（模糊性）。这四个词用以描述当今世界的关键特征。

技术的聊天机器人 ChatGPT 一经推出便火爆全球。那么，什么是 ChatGPT？它的独特之处在哪里？它又将如何颠覆未来的世界？关于这些议题，科大讯飞副总裁兼研究院执行院长刘聪在接受新华网专访时说道："ChatGPT 的初步突破带来的影响和未来想象空间是巨大的。在技术演化的基础上，以自然语言处理为代表的人工智能算法有可能重构互联网和移动互联网的产品形态，促进教育业、医疗业、汽车业、金融业、消费业、媒体业、服务业和制造业等众多产业的升级，最终带来对应商业模式的变革。这次 ChatGPT 所带来的革命将会深刻地改变当今世界的生产和生活方式，重构产业格局，是人工智能领域推动工业乃至社会变革的重大战略机遇，是未来发展兵家必争之地。"①

可见，新的技术变革具有潜力彻底改变行业格局，因此，企业必须时刻保持对新技术的关注，并提前做好准备。这些挑战要求企业具备强大的战略规划和风险管理能力，以在技术变革迅速发展的时代取得成功。高速技术变革所带来的不可预测性已成为塑造当代商业环境的主要因素，企业必须积极应对这些变化，找到平衡点，以确保在

---

① 刘聪. ChatGPT "狂飙" 将推动产业变革与模式创新［EB/OL］.（2023 - 02 - 15）［2023 - 07 - 28］. https：//digital. gmw. cn/2023-02/15/content_36368674. htm.

这个充满不确定性的环境中保持竞争力。

竞争动态

竞争动态是指在市场中不断变化的竞争局面，具体表现为竞争者之间的相互影响和市场份额的不断变化。这一概念反映了在特定行业或市场中，多种因素，包括竞争者的涌现与退出、技术创新、市场需求的变化、政策法规等，是如何塑造企业之间的竞争格局和市场地位的。竞争动态通常呈现为一种不断演变的过程，牵涉到市场中各类参与者之间的策略、行为和竞争地位的演变。当前，高速变化的竞争动态也已成为商业环境快速变化、充满不确定性的主要因素之一。

那么，是什么因素导致了竞争动态的高速变化呢？首先，技术的不断进步和创新对各行各业都带来了深刻的影响，促使竞争格局发生迅速的改变。新技术的涌现有能力颠覆传统行业，同时也为创造新的市场机遇提供了可能。例如，可再生能源技术的迅猛发展和电动汽车的广泛应用正在彻底改变能源和交通领域的竞争动态，太阳能和风能的成本下降使可再生能源市场的竞争变得异常激烈；与此同时，电动汽车制造商之间的竞争也加速了传统燃油车市场的改变。其次，政府的政策和法规变化也可能会改变市场竞争条件。比如，在一些国家，政府通过补贴政策来支持电动汽车制造商或消费者，这便对传统燃油汽车制造商的市场份额产生了巨大的影响。政府政策的调整和法规的变化都可以在竞争环境中引发迅速的变化，塑造不同行业的竞争格局。最后，新竞争者的涌现有时候也能够快速地改变行业竞争格局。这些新进入者可能带来创新的商业模式或先进技术，有能力在短时间内对传统市场领导者构成威胁。例如，共享经济模式的兴起吸引了多个新的竞争者，例如，滴滴和爱彼迎（Airbnb）对传统的出租车和酒店行业提出了挑战；同样地，短视频应用如抖音和快手的普及也对传统社交媒体构成了威胁；拼多多市场份额的飞速增长也与市场领导者（如淘宝和京东）形成了竞争。这都表明新竞争者的出现有时能够从根本上快速改变整个行业的竞争格局，进而导致商业环境的高速变化和不可预测性。

理解竞争动态对企业制定战略决策至关重要，有助于企业洞悉市场中的机遇和挑战，预测潜在竞争者的行为，并灵活调整战略以维持竞争优势。因此，企业必须持续关注和深入分析竞争动态，以制定切实有效的竞争战略。

客户行为

客户行为的改变同样是导致商业环境快速变化和不可预测的重要因素之一。当客户的需求、偏好和购买习惯发生变化时，企业必须灵活地做出调整，否则可能会失去市场份额。例如，随着消费者环保意识的增强，他们更倾向于选择可持续和环保的产品，而未能将可持续性纳入其战略的企业可能面临客户流失或吸引力下降的风险。此外，共享经济的兴起，迫使传统企业必须迅速做出相应调整以应对竞争。同样地，消费者健康意识的提高也引发了食品和饮料行业不可预测的变化。例如，对有机、天然和植物性产品的需求急剧增加，为新进入者提供了机会，同时也对传统食品公司提出了挑战。

这些客户行为的变化要求企业更加灵活和快速地适应市场。企业必须持续改进其产品、服务和营销策略，以满足不断变化的客户需求。在这种情况下，商业环境的快速变化和不可预测性要求企业具备强大的市场洞察力和创新能力，以保持可持续的竞争力。只有那些积极适应并灵活利用这些变化的企业才能够在竞争激烈的市场中脱颖而出。

全球事件

全球事件，包括自然灾害、战争、贸易摩擦和疫情等，都可能导致商业环境发生迅速变化，变得难以预测。自然灾害，如地震、台风和洪水等，有可能在短时间内造成广泛破坏，对供应链、生产和物流产生重大影响，从而导致商业环境的急剧变化。举例来说，2011 年日本福岛核泄漏事件导致全球核能产业不得不进行重新调整，至今仍在持续产生负面影响。国际贸易紧张局势和贸易摩擦也可能导致商业环境的快速变化，对全球供应链和市场格局产生直接影响。企业可能需要迅速调整其供应链战略，以适应新的贸易限制和关税政策。例如，中美贸易摩擦促使一些企业将生产基地从中国转移到其他地区，以规避关税和贸易不确定性。此外，全球传染病暴发，如新冠疫情，也对商业环境带来了巨大的冲击。这种流行病导致了旅游、餐饮、零售等行业的急剧下滑，同时推动了电子商务、在线教育和远程办公等领域的高速增长。企业不得不迅速调整运营方式，采取新的卫生和健康措施，以应对这一不可预测的全球事件。

全球事件的不可预测性要求企业变得更有弹性，并制定应对措施，以减轻其影响。企业需要设计灵活的商业模式、建立有韧性的供应链和制定高效的风险管理策略等，以便在不确定的商业环境中保持活力。同时，企业还需要不断监测和适应全球事件的变化，并能够迅速做出反应。这种灵活性和应变能力通常是在高速变化和不可预测的商业环境中取得成功的关键要素。

所有这些不确定性给战略的制定带来了巨大的挑战。

这是因为传统的战略管理，尽管通常被认为是应对变化和不确定性的方法，实际上建立在一个相对稳定和可预测的世界的假设之上。比方说，大多数战略的目标都是通过巧妙地确定市场定位，或者通过整合正确的能力来支持产品的制造或提供，从而建立起可持续的（隐含着静态性质的）竞争优势。当然，企业也会定期进行战略审查，并根据对行业的现状分析以及对行业发展的预测来确定未来的战略方向和组织架构。

然而，在商业环境充满不确定性且难以预测的情况下，企业又如何运用传统的预测和分析作为战略管理的基石呢？当企业不断被新涌入的信息所包围，管理者又应该如何理解并应对这种变化？企业需要跳出传统单一业务的预测思维，转而研究可能对公司产生重大影响的风险和不确定因素。这种对管理者熟知的长期战略实践的简单扩展，能够唤起他们对于尚未了解或未解决的问题的认识。企业需要区分"错误的已知"（有问题但坚定不移的假设）和"未充分利用的已知"（企业可能认识到，甚至可能已经采取行动，但速度不够快或不够重视的大趋势），以及"未知的未知"（只能通过赌注来应对的不确定性）①。企业

---

① REEVES M, DEIMLER M. Adaptability: the new competitive advantage [J]. Harvard Business Review, 2011,89(7/8):134-141.

必须快速识别和有效处理这三类风险，认识到商业环境中不确定性来源的关键因素，以便更精确、更快速地制定战略。为此，企业必须不断学习、灵活调整和持续创新，以确保企业能够适应高速变化和不可预测的商业环境。

快速制定战略决策，应对高速变化的环境

许多企业早已认识到必须提高战略决策的迅速性和灵活性。一方面，数字孪生企业以客户为核心，凭借其更加敏捷的特点，已夺取传统企业的部分市场份额，正在不断向传统企业发起新的挑战。另一方面，快速变化和不可预测的商业环境也要求企业迅速制定战略决策以应对新时代的机遇和挑战。许多企业已经意识到，严格而传统的战略决策过程难以迅速应对激烈的竞争和潜在危机，因此，采用老方法来解决新问题已经行不通了。市场对于灵活性和快速响应的需求将持续存在，而机遇却来去匆匆。为了在高速变化和不可预测的商业环境中站稳脚跟，企业需要采取哪些措施以快速制定战略决策呢？斯坦福大学的凯瑟琳·艾森哈特（Kathleen Eisenhardt）教授曾进行过深入研究，旨在探究企业在高速变化和不确定的环境下如何快速制定战略决策，并探讨这种快速决策与企业绩效之间的

紧密联系[①]。她的研究发现，在这种动态的商业环境中，快速制定战略决策对于提高企业绩效至关重要。因此，下面将详细探讨企业如何在快速变化的商业环境中迅速高效地制定战略决策。

数据驱动，实时洞察

传统观点认为，只考虑少数备选方案、仅依赖有限的专业知识来源，并进行简单的分析将缩短战略决策的过程。这一观点表明，增加信息的使用量可能会导致战略决策过程变得更为烦琐而缓慢。然而，艾森哈特教授的研究结论却截然相反，结果显示，如果管理团队在战略决策中使用更多的信息，他们的决策速度将明显提高。需要强调的是，这里所指的信息是实时信息，而不是预测性信息。实时信息是指涉及公司运营或环境的信息，其发生和报告之间几乎没有时间差，这意味着信息几乎在事件发生后立即被记录和应用。比方说，在快速进行战略决策时，相较于利润等会计数据，管理者更关注运营指标，他们通常会密切监控定量指标，如每日和每周的订货量、废品数、库存量、现金流和竞争对手的动向等。同样地，他们表示更喜欢通过面对面交谈或运用电子设备进行实时沟通。

---

① EISENHARDT K M. Making fast strategic decisions in high-velocity environments [J]. Academy of Management Journal, 1989,32(3):543-576.

那么，为什么使用实时信息有助于加快战略决策的速度呢？首先，这些实时信息加速了管理层识别问题的速度，使他们能够更快地发现战略决策过程中的问题和商业环境中的机遇。其次，研究表明，人的直觉是一种认知过程，它是通过不断地接触各种实际情境而获得的。那些专注于实时信息的管理者事实上正在培养他们的直觉。在直觉的帮助下，他们可以更快速而准确地对公司或环境中不断变化的刺激做出反应。通常情况下，最依赖实时信息的首席执行官也最常被描述为直觉敏锐。最后，对实时信息的持续关注有助于高管团队积累共同应对挑战的丰富经验，从而培养他们在紧急情况下迅速采取行动所需的组织能力。总而言之，实时信息能让管理者对其公司的业务有更加深入的了解，可以加快其进行战略决策的过程。

权衡备选，多元平行

不少学者认为，如果企业面临多个备选方案，可能会拖慢整个战略决策过程。然而，这项研究显示，实际情况往往相反，拥有多个备选方案反而能够加速战略决策。同时，备选方案的考虑顺序也对决策速度至关重要。简而言之，快速决策的特征之一是同时考虑多个备选方案，而慢速决策的特点则是逐个考虑较少的备选方案。

那么为什么同时权衡多个备选方案反而能加速整个战

略决策的过程呢？首先，备选方案很难在孤立的状态下进行全面评估。所谓"货比三家"，只有通过同时比较多个备选方案，决策者才能更容易地确定它们之间的优势和劣势，从而信心满满地选择最具可行性的方案。其次，同时考虑备选方案有助于减少管理者对任一备选方案的过度承诺。由于决策者对于每一个备选方案的情感承诺都相对较低，当他们接收到关于任何一个备选方案的不利信息时，能够快速切换到其他备选方案。因此，追求多元选择、平行选择的决策者不太容易陷入心理困境，并且能够快速采取行动来应对负面信息。最后，同时考虑多个备选方案给决策者提供了天然的后备计划。如果一个备选方案失败，决策者可以迅速转向另一个备选方案。相比之下，按顺序考虑备选方案的决策者则没有这种现成的备用计划。可见，这种"广而不深"、平行决策的策略在快速变化的商业环境中是非常有效的。

顾问经验，决策支持

在制定战略决策时，首席执行官通常需要征求管理团队成员的意见，以协助自己做出决策。这一收集建议的过程对于战略决策的速度至关重要。该研究表明，决策速度较快的团队通常采用了两级建议程序。在这种程序中，首席执行官首先向高层管理团队的所有成员征求意见，但他们主要侧重于一两位被视为"顾问"的高管的建议。高管被指定为顾问的情况包括以下几种情形：一是团队高管明确表示某人是首席执行官的特别顾问、咨询师或亲密合作伙伴；二是从首席执行官与核心高管之间的交流互动看出，他们的交流涵盖公司整体层面的问题，而不仅仅限于特定的职能领域；三是存在着实际案例，证明首席执行官在之前的战略决策中曾寻求过该核心高管的建议。相比之下，那些决策速度较慢的首席执行官要么没有明确指定的顾问，要么选择相关经验较少的高管作为顾问。

为何经验丰富的顾问有助于加速战略决策的进程？首先，顾问有助于快速制定备选方案，为各种观点提供了迅速的发声机会。其次，由于顾问通常是首席执行官的长期合作伙伴，而且他们已经在职业生涯中实现了成功，因此，他们很可能特别值得信赖，让高管们能更加坦诚地表达意见。再次，资深的顾问通常能给决策团队提供极具参考性的建议。最后，一位内行的顾问可以帮助团队应对快节奏环境中高风险决策所伴随的不确定性。富有经验的顾问能够分担管理者的决策压力，将当前的决策与过去的经验相结合，协助理顺管理者的思考盲点，应对各种挑战。在与这样的顾问讨论相关问题之后，管理者可能会更加自信并快速地做出决策。

主动协调，化解冲突

一些学者认为，决策团队内部的矛盾冲突可能会对战略决策的时间进程产生影响。因此，从这个角度看，团队意见分歧的增加可能会减缓战略决策的速度。然而，实际上，管理团队内部争议的数量并不是关键因素，真正关键的是管理团队如何有效解决这些冲突。决策速度快的团队通常能积极处理冲突，使决策者能自行解决问题。相反，对于决策速度较慢的团队来说，解决冲突可能是一个比较严重的问题，因为他们往往倾向于拖延，直到外部事件迫使他们不得不做出决策。事实上，大多数进行快速决策的团队都采用了类似的流程，称之为"有条件的共识"。这是一个分两步走的过程：第一步，管理团队鼓励每个成员积极参与讨论，以达成共识，如果能够达成共识，团队将做出相应决策；第二步，如果无法达成共识，通常由首席执行官和相关副总裁根据整个团队的意见来做出最终选择。

那么，为何"有条件的共识"能够迅速推动战略决策？首先，它能主动处理战略决策中常见的意见分歧，而无须等待外部事件（例如高管的离职或截止日期的来临）来促进决策。其次，这种方法常常受到高管的欢迎。大多数高管渴望参与讨论，但并不一定急于在非自己专业的领域做出决策。相比之下，其他冲突解决方法通常进展缓慢。共识的达成需要时间，而且有可能永远也无法实现，因为许多战略决策涉及持有不同意见的高管。因此，建立起"有条件的共识"这样的决策机制能帮助管理团队快速处理内部的意见分歧，推动战略决策高效快速地进行。

整合决策，战术协同

当管理者面对多个战略决策时，如何处理这些决策也是决定决策速度的重要因素。研究表明，快速战略决策的团队往往倾向于全面考虑所有决策，并将它们进行协同整合，同时将战略决策与战术计划相互融合。相反，决策速度较慢的团队通常将决策视为孤立的、互不相关的事件，而很少关注决策之间或决策与战术计划之间的关联。

为什么随着决策整合度的提高，决策的速度更快呢？首先，整合决策有助于管理者更迅速地分析备选方案的可行性。其次，它有助于管理者更好地应对高风险决策的不确定性。学术界普遍认为，将一个决策与其他关键决策和详细的计划紧密衔接在一起，有助于减轻管理者在面对高风险决策时的焦虑感；同时，具体计划的制定过程可能使高管更深入地了解其他选择，并增强他们的胜任感和掌控感，从而增强他们制定决策的信心。最后，这种整合还可以减少不同战略决策之间的不一致性。相反，缺乏决策整合可能导致决策停留在抽象层面，缺乏具体的信息支持，进而引发管理者的焦虑感，阻碍战略决策的快速推进。总的来说，快速决策小组具备同时考虑多个决策的能力；而慢速决策团队往往采用线性思维，将每个决策视为独立的、离散的事件。决策的整合有助于管理团队迅速进行战略性决策。

小结

高度不确定性和快速变化已经成为商业环境的新常态，这一趋势不仅对企业的生存提出了新的挑战，同时也为管理者带来了前所未有的机遇。在本章中，我们深入研究了商业环境中不确定性的根源，以及如何在迅速变化的环境中快速制定战略决策来有效应对这些不确定性。然而，仅仅应对不确定性是远远不够的，企业还必须积极迎接变化，并在不断演化的商业环境中保持灵活性和创新性。在接下来的章节中，我们将从多个角度探讨企业如何适应商业环境的变化。我们将提供实际案例让读者能够看到不同行业和企业如何成功地应对不确定性和变化。我们会分享各种策略和最佳实践，以帮助企业在竞争激烈的市场中脱颖而出，并在不断变化的环境中创造可持续的竞争优势。

第 2 章

解码环境：
精通战略分析工具

我们正步入一个瞬息万变和难以预测的世界。全球供应链和互联网技术已经把地球编织成一个紧密相连的网络，我们的生活、工作和娱乐都离不开这个全球化的网络。世界经济也形成了前所未有的共振，任何地方的政策调整或经济动向都可能迅速地影响全球。每一次重大事件都有可能引发生活的剧变。即使在家中，每一天都可能有一只"黑天鹅"毫无预警地降临。

以新冠疫情为例，这就是一只典型的"黑天鹅"。在疫情刚刚暴发的时候，几乎没有人能预见到它会对全世界产生如此深远的影响，全球供应链受到严重打击，许多公司不得不暂停生产，甚至走向破产。这对全球经济造成了巨大的冲击，也迫使我们重新思考我们的生活方式和工作模式。

另一个例子是，技术创新也在不断地重塑我们的世界。例如，人工智能、区块链、5G等新兴技术的出现，不仅在科技领域引发了一场革命，也在各行各业掀起了变革的浪潮。如今，无论是购物、出行、学习，还是娱乐，我们都可以借助这些新技术来完成。这些技术的快速发展和广泛应用，使得我们的生活发生了翻天覆地的变化。

在这个乌卡时代，以及即将到来的未来，"黑天鹅"事件频发，世界变得越来越难以预测。许多管理者开始质疑：在这样的时代，战略规划和管理是否还有存在的意义？恰恰相反，正是在这种高速变化且充满不确定性的环境中，无论身处哪个行业，企业都需要熟练掌握战略分析工具。借助这些工具，它们可以深入解析内外部环境，准确识别潜在的机会和挑战，同时能够迅速调整战略以适应环境的变化。因为在这个不断变化的世界里，没人能够预知所有的发展趋势，而市场的机遇往往是转瞬即逝的。因此，"行动"成了验证我们预测是否准确的唯一方法。当我们洞察到市场的某种变化时，必须迅速地采取行动去验证。即使遭遇失败，也可以将其视为一次有益的尝试，它能够帮助我们对未来的趋势有更清晰的认识，从而在竞争中抢占先机。我们无法保证每一次的行动都能成功，但我们必须确保每一次尝试都是高质量的商业试验，否则就可能错失重要的机会。与此同时，组织需要缩短从预见到执行的时间周期，提高行动效率和成功概率。这也要求组织更深入地掌握战略分析工具，以确保商业试验的效率和质量。只有通过这种方式，企业才能在这个充满挑战和机遇的商业环境中稳健前行。

在当今变化莫测的商业世界中，企业的生存和发展离不开对战略分析工具的熟练掌握。借助这些工具，企业能够准确地识别并预测外部环境的微妙变化和未来趋势，从而及时做出对应的战略调整。与此同时，企业也需要深度理解和挖掘自身的潜力。只有充分了解自我，企业才能准确定位，找到独一无二的核心能力。因此，只有通过精准的洞察和灵活的调整，企业才能在激烈的竞争中脱颖而出，创造并维持长久的竞争优势。

外部环境分析：观天测海，乘风破浪

在全球化和数字化的快车道上，企业面临着永不停息的变化。为了保持有利的竞争地位，企业必须与这些变化步调一致。在此背景之下，利用战略管理工具对外部环境进行分析的重要性不言而喻。这些工具能够帮助企业保持敏捷，预测即将到来的变化，并制定具有预见性的战略。然而，这些工具的有效性依赖于企业是否有能力持续追踪环境并更新其分析，这将确保它们获取到最新的信息，并能够对变化做出及时响应。在本节中，我们将探讨在这个充满高速变化和不确定性的时代，如何运用这些战略分析工具来理解和跟踪外部环境。

外部环境包含了所有对公司运营产生影响的外部因素，这些因素可以被划分为宏观环境、行业或者微观环境。为了对这些环境进行分析，企业可以利用战略管理工具，如 STEP 分析和波特五力模型等。

宏观环境分析：从 STEP 到 PESTEL

企业并不是孤立存在的，而是处于一个广阔且复杂的环境中，这个环境中的各种因素都可能对企业的运营和发展产生巨大的影响。例如，政治环境的动荡可能会引起法律规范的改变，经济环境的波动可能会导致市场需求的起伏，社会环境的演变可能会重塑消费者的行为模式，而技术环境的更新可能会为企业带来崭新的机遇或挑战。因此，企业需要全面审视其所处的宏观环境，识别和预测可能影响企业战略和业务运行的关键因素，从而为企业的决策提供有力的支持。这就是为什么我们需要运用 STEP 分析——一种针对宏观环境进行战略分析的工具，它是企业洞察外部环境中关键趋势变化的重要手段。STEP 是 "socio-cultural/societal（社会文化），technological（技术），economic（经济），political（政治）" 的首字母缩写，每个字母代表宏观环境的一个重要维度[1]。

社会文化分析涵盖了人口结构、生活方式、消费观念、教育水平和文化价值观等方面，这些因素都会影响消费者的购买行为，从而影响企业的市场策略、产品设计以

---

[1] AGUILAR F J. Scanning the business environment [M]. New York: Macmillan, 1967.

及服务。例如，一个人口老龄化的社会可能会对医疗服务和健康产品有更大的需求。同时，随着健康意识的提高，人们对有机食品和运动设备的需求可能会增加。再者，随着环保意识的增强，消费者可能更愿意购买环保产品。

技术层面主要考察科技进步如何影响企业的运营。技术层面的分析主要关注的是新的科技趋势、技术发展速度、技术研发的投入、技术的可用性和成熟度，以及新技术对行业或市场的影响。这些因素都会影响企业的产品开发、运营效率、市场策略以及竞争优势等。例如，互联网的普及使得电子商务成为可能，而人工智能和大数据的发展则正在改变各种产业的运营模式。如果新技术还不够成熟，企业可能需要投入更多的资源进行研发，这可能会增加企业的运营成本。同时，如果新技术的发展速度很快，企业可能需要不断更新产品，以保持竞争优势。

经济层面的分析考察了宏观经济环境和行业经济状况，如经济增长、通货膨胀、利率、就业率和消费者信心等，这些都可能影响企业的财务状况和市场前景。例如，如果通货膨胀率高，企业的运营成本可能会增加；如果货币政策紧缩，企业的借贷成本可能会增加。再者，在经济衰退时期，消费者可能会减少不必要的开销，这对零售业等消费品行业来说是一个挑战。

　　政治层面的分析主要关注的是政府政策、法律规范、政府执行力、政治稳定性、国际关系、税收政策、贸易协定、劳动法、贪腐等因素。例如，如果政府推出鼓励创新的政策，企业可能会增加对研发的投入；如果政府出台新的环保法规，企业可能需要改变其生产方式，以减少对环境的影响。

　　在进行 STEP 分析时，相关数据的收集是一个至关重要的步骤。它为企业提供了关于社会文化、技术、经济和政治各个方面的具体和量化的信息，从而使企业能够更深刻地理解其所处的宏观环境。

　　在社会文化分析中，数据可以帮助企业理解消费者的行为和需求的变化。例如，通过收集关于人口结构、文化趋势、消费者习惯等方面的数据，企业可以更充分地了解其目标市场，从而制定更有效的产品开发和市场策略。在技术分析中，数据可以帮助企业跟踪新技术的发展和应用。例如，通过收集关于新技术研发、技术采用率、技术生命周期等方面的数据，企业可以更完整地认识技术趋势，从而做出更有前瞻性的决策。在经济分析中，数据可以帮助企业了解经济状况和趋势。例如，通过收集关于GDP、通货膨胀率、失业率等方面的数据，企业可以更准确地把握经济环境，从而做出更有针对性的财务决策。在政治分析中，数据可以帮助企业了解政治状况和政策变化。例如，通过收集关于政策法规、政府稳定性、政治风险等方面的数据，企业可以更全面地理解政治环境，从而更妥善地管理与政府和社会的关系。

因此，数据收集是 STEP 分析中不可或缺的一环，它为企业提供了量化的信息，使企业能够更快速地理解和响应宏观环境的变化，从而更有效地进行战略规划。

然而，随着企业在全球范围内的扩张，企业与自然环境的关系更加紧密，同时也在不同的国家和地区面临着各种法律挑战，STEP 框架开始显示出其局限性。企业管理者发现在分析宏观环境的过程中，法律（legal，L）和环境（environment，E）这两个因素的影响日益增强，因此，在进行分析时必须将这两个因素也纳入考虑范围，形成 PESTLE 分析框架①。

法律因素主要是指企业运营环境中的法律规范因素。这些因素可能包括公司法、劳动法、反垄断法、消费者权益保护法、环保法等。企业需要密切关注这些因素，以便能够及时调整，以应对可能的法律风险。例如，如果一家

---

① NANDONDE F A. A PESTLE analysis of international retailing in the East African Community [J]. Global Business and Organizational Excellence, 2019, 38(4): 54 - 61.

大型科技公司试图通过收购竞争对手来增强其市场地位，那么这可能会引发反垄断法的问题；又如，欧盟的《通用数据保护条例》（General Data Protection Regulation，GDPR）对企业如何收集、存储和使用个人数据设定了严格的规定，违反这些规定的企业可能会面临严重的罚款。

环境因素主要是指企业运营环境中的生态和环保因素，具体包括气候变化、环境法律规范、资源稀缺性等。对于许多企业来说，这些因素可能会对其业务产生重大影响。例如，全球气候变化可能会影响到许多行业，特别是那些依赖于稳定气候的行业，如农业、旅游业和保险业。由于全球变暖，一些地区可能会出现更加频繁的极端天气事件，这对保险公司来说可能意味着更高的赔付成本。许多国家和地区都有严格的环保法律规范，对企业在生产过程中的排放和废弃物处理有明确的要求。例如，如果一家公司在生产过程中产生了大量的有害废弃物，那么它可能需要投入大量的资源来处理这些废弃物，以符合相关法规。

STEP 分析框架向更加具象化的 PESTEL 模型转型，生动地展示了战略分析工具必须持续更新，以适应不断变化的商业环境。通过增加法律和环境两个新的考察因素，企业现在可以更全方位地评估其所处的宏观环境。

PESTEL 分析不只是帮助企业挖掘外部环境中的机会和挑战，也能协助企业根据社会价值观进行战略调整，应对法律环境的改变，并促进环境的可持续发展。这种演变充分彰显了战略管理的动态性和适应性，表明了其能够满足企业不断演进的需求。

行业环境分析：波特五力模型与不确定性理论

在深入探讨企业宏观环境的同时，另一个同样重要且不能忽视的领域就是行业环境。行业环境是指企业所处行业内的具体情况，包括竞争对手、供应商、客户、新进入者以及可能的替代品等因素。理解行业环境对企业来说至关重要，因为它直接影响到企业的竞争策略和市场定位。在这个快速变化且充满不确定性的时代，企业需要具备迅速适应市场动态的能力，以便保持其在行业中的竞争优势，而进行持续的行业环境分析是实现这个目标的关键步骤。接下来我们将从宏观视角转向微观视角，深入探讨在充满机遇与挑战的行业环境中，企业如何适应变化、保持领先。

行业分析可以帮助企业预测竞争对手的动向，了解现在和未来的市场趋势，审视自身能力并制定有效的战略。通过行业分析，企业可以了解竞争对手的战略和能力，预测他们未来可能的动向，从而做出相应的对策。通过行业分析，企业可以确定自身在市场中的位置，制定有效的市场进入、发展和退出战略。通过行业分析，企业可以及时应对变化，抓住机遇，规避风险，从而保持稳健的发展。

波特五力模型就是一种在行业分析中非常有用的工具。波特五力模型是由哈佛商学院的教授迈克尔·波特（Michael Porter）在 1980 年提出的，用于评估行业的竞争结构和企业的竞争环境。这个模型将行业的竞争力量分为五种主要类型：供应商的议价能力、买家的议价能力、新进入者的威胁、替代品的威胁以及行业内的竞争程度[①]。

供应商的议价能力。这是指供应商在商业交易中所占据的优势，也就是供应商在商业交易中的议价能力。当供应商市场由少数几家大型公司所统治，而行业内的公司无法获取到满意的替代产品时，将大大增强供应商的议价能力。尤其在行业公司并非供应商群体的重要客户，而供应商的产品对于购买者在市场上取得成功又至关重要的情况下，供应商的议价能力会进一步增强。同时，如果供应商的产品已经产生了高额的转换成本，购买者更是难以轻易更换供应商。此外，如果供应商有可能前向整合进入购买者所在的行业，这将对购买者构成实际的威胁，进一步凸

---

① PORTER M E. Competitive strategy: techniques for analyzing industries and competitors [M]. New York: Free Press, 1980.

显供应商在商业交易中的议价优势。例如，在航空业中，飞机制造商（如波音和空客）的数量十分有限，因此，它们具有较强的谈判力，可以对航空公司施加价格压力。

买家的议价能力。这是指买家在交易中的议价能力以及他们所占据的优势。当购买者的采购量在行业总产出中占较大比重，且采购产品的销售额在出售方年收入中也占较大比重时，买家的议价能力就会显著增强。同时，如果购买者能轻易转向采购另一种产品或者向其他供应商采购，并且该行业的产品为无差异化或标准化产品时，购买者的议价能力会进一步增加。例如，在零售业中，大型连锁量贩店如沃尔玛和 COSTCO 就具有极强的议价能力，因为它们采购的数量巨大，数以千计的供应商都希望能成为沃尔玛的供货商。这样的市场地位使得沃尔玛和 COSTCO 能够对供应商进行压价，从而获得更低的进货成本。

替代品的威胁。这是指产品或服务可能被其他不同类型的产品或服务替代的可能性。如果替代品的性价比更高，或者其性能更优，同时转换成本很低，那么消费者可能会倾向于购买这些替代品，从而对原产品构成威胁。一个很好的例子就是传统出租车与网约车服务的竞争。例如，在滴滴等网约车服务出现之前，传统出租车是城市中最常见的出行方式。然而，当这些网约车服务提供了更便捷、更优惠的服务后，很多消费者开始转向使用这些服务，这对传统出租车行业构成了巨大的威胁。

新进入者的威胁。这是指新的公司进入一个市场或行业，可能会对现有公司的市场份额和利润造成影响的情况。如果进入壁垒①较低，新的竞争者就更容易进入，这会增加市场的竞争程度，可能会影响到现有公司的产品价格、成本和投资水平。例如，在中国的电动汽车市场中，特斯拉曾一度占据主导地位，然而，随着本土电动汽车制造商如蔚来、小鹏汽车和理想汽车等的涌现，特斯拉的市场地位开始受到挑战。这些新进入者通过提供高质量的产品、优秀的售后服务以及更具竞争力的价格，成功地吸引了一部分消费者。

行业内的竞争程度。这是指一个行业中现有竞争者之间的竞争关系。竞争程度的高低会影响企业的盈利能力和市场份额。一般来说，竞争程度越高，行业的盈利水平越低。在一个行业中，如果竞争者数量众多或者势均力敌，或行业正在经历缓慢增长，企业承担着高额的固定成本或仓储成本，且产品缺乏差异化或转换成本较低，那么行业

---

①　进入壁垒是指阻止或者限制新的竞争者进入现有市场的各种因素。这些壁垒可能由多种经济、商业、技术、法规等因素构成。常见的进入壁垒包括：资本要求、转换成本、分销渠道、政府政策、规模经济等。

内的竞争将会更为激烈。此外，如果企业发现能够从竞争中获取高额的战略利益，也会引发更大的竞争。同时，如果行业的退出壁垒较高，那么竞争者可能会选择坚持竞争，进一步加剧行业的竞争程度。中国的手机市场是一个竞争激烈的行业，华为、小米、OPPO、vivo 等品牌之间的竞争非常激烈，它们通过提供创新的技术、优秀的设计和具有竞争力的价格来吸引消费者。

在当今商业环境中，行业变化的速度和范围都在不断加快和扩大。新的技术、新的市场参与者、政策变动以及消费者需求的转变等因素都为企业带来了巨大的不确定性。在这样的环境下，为了能够做出明智的决策，企业需要对其所处的行业环境进行深入的理解和分析，而波特五力模型便是这种分析的重要工具。同时，企业也需要将波特五力模型和不确定性理论有机结合起来，更有效地应对这项挑战。不确定性理论源于统计学和决策理论，主要关注在不确定性条件下的决策过程。它认为，当决策者面临的情况复杂、信息不完全，或者未来存在不可预见性时，决策者需要对不同的可能结果进行概率估计，从而进行最优的选择[①]。不确定性理论为企业提供了一种处理并应对

①　KOCHENDERFER M J. Decision making under uncertainty: theory and application [M]. Cambridge: MIT press, 2015.

不确定性的框架，帮助企业在面临不确定性的情况下做出最佳决策。波特五力模型能够帮助企业理解其所处行业的竞争环境，识别出可能影响其成功的关键因素。而不确定性理论则可以帮助企业在面临不确定的情况下，做出最佳的决策。例如，在面对新的行业进入者或替代品的威胁时，企业可以通过波特五力模型评估这些威胁可能对其带来的影响，然后通过不确定性理论对可能的结果进行概率估计，从而制定出最佳的应对策略。

内部环境分析：核心感知，资源整合

在过去的几十年间，我们见证了中国经济的高速增长，许多企业在这个时期抓住"风口"，持续扩张，从而取得了显著的成功。这些"风口"可能是政策红利、技术创新或者消费升级等外部机会，企业通过识别和把握这些机会，不断扩大规模，提升市场份额。然而，随着中国经济增速放缓，这种依赖外部环境"抓风口"的战略显然已经不再适用，中国的共享单车行业就是一个鲜活的例子。随着共享经济的兴起，多家共享单车公司如雨后春笋般出现，试图通过快速扩张、占领市场的策略来实现增长。以ofo小黄车为例，该公司曾是共享单车市场的领军企业之一，通过大规模投放单车迅速扩大市场份额。然而，这种过度扩张的战略未能充分考虑到长期的资金回收和维护成本，结果导致公司资源严重耗尽。资金链一旦断裂，ofo无法有效应对规模经济带来的复杂挑战，最终面临严重的财务危机，并退出了市场。ofo的案例清楚地表明，即使在一个具有巨大市场潜力的行业中，缺乏明确的战略目标、准确的市场判断以及充足的资源支持，企业同样面临失败的风险。许多未能及时调整策略和优化运营的企业，如ofo一样，最终黯然退场。这一失败的教训强调了在任何商业模式中，特别是在外部经济环境快速变化时，准确评估并管理自身资源的重要性。其他行业也是如此，比如乐视网，它原本在视频行业占有一席之地，但在盲目扩张至房地产、汽车等多个领域后，由于缺乏足够的资源支持，最终导致资金链断裂，公司陷入危机。对于企业来说，盲目的扩张并不能带来长期的成功。有效的扩张需要企业有明确的战略目标，准确的市场判断，以及足够的资源支持。在没有充足资源和深思熟虑的战略规划下，盲目扩张往往会导致企业陷入危机。

因此，对于中国的企业来说，从"寻找风口"转变为"深化内力"已经成为一种必然的选择。企业需要时刻进行内部环境分析，清晰地了解自身的资源状况。由于外部环境是不断变化的，企业有必要不断调整和优化内部资源和能力，以适应这些变化。只有通过深入地理解自身的内部环境，企业才能有效地进行这些调整。内部环境分析能够帮助企业了解自身资源和能力的分布，以及这些资源和能力的运作效率和效果。这将指导企业如何更有效地配置和利用这些资源和能力，例如投资于新的能力开发，削减非必要的资源，或者提高某些流程的效率。这种分析不仅有助于企业适应环境变化，也能促进企业内部的持续发展和进步。更为关键的是，通过深度分析内部环境，企业可以明确其所拥有的核心竞争力。这种核心竞争力是企业具备的独特优势或能力，它使得企业在与同行的竞争中脱颖而出，占据有利地位。这种优势可能是有形的，如专利技术或知识产权；也可能是无形的，如卓越的品牌声望。核心竞争力对企业的重要性不言而喻，它们是企业建立竞争优势和战略定位的关键要素。通过发现并利用这些核心竞争力，企业可以在竞争中独树一帜，为客户提供价值，从而实现长期的增长和盈利。

价值链分析的核心 VRIN 模型正是一个辨识核心竞争力的有效工具，由杰伊·巴尼（Jay Barney）在 1991 年提出[①]。

---

① BARNEY J. Firm resources and sustained competitive advantage [J]. Journal of Management, 1991,17(1):99 - 120.

其中：

"V"代表"valuable"，即有价值的。这是评估企业资源或能力是否能构成核心竞争力的第一步。根据这个原则，企业的资源或能力必须对企业的运营有所贡献，能够帮助企业实现其业务目标，如提高效率、增加收入、降低成本或提高客户满意度等。例如，一家公司可能拥有一项独特的专利技术能力，这项技术能力使得公司能够以比竞争对手更低的成本生产出同样的产品。这项技术能力就为公司带来了直接的价值，因为它能够帮助公司降低成本，增加利润，从而实现更高的经济效益。因此，它满足了VRIN 模型中"valuable"的要求。

"R"代表"rare"，即稀有的。这意味着为了构成一种核心竞争力，企业的能力不仅需要有价值，而且必须是稀有的，不是所有企业都拥有的。例如，假设上述公司拥有的专利技术能力是受到专利保护的，其他公司不能使用这项技术能力，这就使得这项技术能力变得非常稀有。这种稀有的能力可以让公司在市场上获得独特的优势，从而实现竞争优势。

"I"代表"inimitable"，即不可模仿的。这意味着为了构成一种核心竞争力，企业的能力不仅需要有价值和稀有，还必须是其他竞争者难以模仿或复制的。再比如，上述公司拥有的专利技术能力是经过多年研究和开发形成的，这种技术能力可能涉及复杂的科学原理和精密的生产过程，所以其他公司即使知道这种技术能力的存在，也很难复制它。这就使得这种技术的开发及维护成了公司的一项不可模仿的能力。

"N"代表"non-substitutable"，即不可替代的。这意味着为了构成核心竞争力，企业的能力不仅需要有价值、稀有且不可模仿，而且必须是其他能力不能提供相同价值的，因此无法被替代。同样，上述公司可能拥有一项专利技术能力，由于当前没有其他技术能力能够达到同样的效果，所以这项技术能力也是不可替代的，这就使得这项专利技术能力成为公司的一个核心竞争力。

只有当企业的能力同时满足以上 4 个条件时，它们才能被视为企业的核心竞争力。这样的核心竞争力能为企业提供持久的竞争优势，因为它们能使企业在竞争中独树一帜，并且不容易被竞争者复制或替代。在快速变化的商业环境中，识别核心竞争力是企业保持竞争优势、适应市场变化并开创新的增长机会的关键。通过明确自身独特的价值和优势，企业可以更加敏捷和灵活地应对外部环境的挑战，寻找并抓住新的商业机遇，从而在激烈的市场竞争中保持领先地位。

　　与此同时，在当今的全球经济环境下，企业也应该持续关注自身的资源状况和核心竞争力，选择与自身资源和能力相匹配的战略。选择适合自己的战略并不意味着避免扩张或限制发展，而是要求企业在扩张的同时，始终保持对自身核心能力的重视和投入。企业需要将自身的资源和能力作为决策的基础，通过整合内外部资源，创造并提升自身的竞争优势。在规模扩张和核心能力之间找到平衡，对于任何一家企业来说都是至关重要的。只有这样，企业才能在市场竞争的浪潮之中稳健前行，实现从良好到卓越的转变，获得可持续发展。

SWOT 分析：企业坐标，审时度势

　　在高速变化的市场环境中，企业的决策需要基于对企业内外部环境的全面理解和准确预测。在激烈的市场竞争面前，没有任何企业可以坐享其成。只有通过对自身优势、弱点以及外部机会、威胁的深入理解和分析，才能把握市场的脉搏，应对不断变化的市场环境。

　　SWOT 分析提供了一个系统性的框架，用于评估企业内部的优势（strengths）和劣势（weaknesses），以及外部环境的机会（opportunities）和威胁（threats）。这种分析

可以帮助企业确定其在市场上的位置，以及如何利用其优势和机会，同时减少劣势和威胁的影响[①]，帮助企业从多角度全面审视自身和市场环境，从而做出更加理性和科学的决策。通过对内部优势和劣势的分析，企业可以更好地理解自己在哪些方面比竞争对手具有优势，以及在哪些方面需要改进。例如，企业可能在技术、人才、知识产权或者品牌等方面拥有优势，同时，企业也可能面临资源短缺、技术落后或者市场份额下滑等劣势。此外，SWOT 分析也可以帮助企业理解外部环境中的机会和威胁。这可能包括新的市场趋势、政策变化、消费者需求的变化或者新的竞争者等。通过对这些因素的分析，企业可以识别市场的空白点，找到新的商业机会，并做好准备以应对可能的威胁。

总之，SWOT 分析可以帮助企业在快速变化和不可预测的商业环境中，更好地理解自身的位置，找到机会并避免威胁。这种分析不仅可以帮助企业制定更有效的战略，也可以提高企业对环境变化的敏感性，从而更好地应对未来的挑战和机遇。

---

①　HUMPHREY A S. SWOT analysis for management consulting [J]. SRI Alumni Newsletter, 2005:7 - 8.

小结

在本章中，我们深入探讨了如何在一个充满挑战并且不断变化的商业环境中进行有效的内外部环境分析，以及使用 SWOT 分析，帮助企业识别自身的优势和劣势，理解外部环境中的机会和威胁。在不断变化和不可预测的商业环境中，企业需要有足够的敏锐性去感知环境变化，以及足够的灵活性来适应这些变化。因此，准确识别内外部环境的变化，理解和运用 SWOT 分析，就成了每一个企业和管理者必备的能力。本章提供了一系列的系统性工具和框架，帮助我们理解和应对不断变化的商业环境，这对于企业的生存和发展至关重要。

在接下来的案例中，我们将具体讨论如何利用战略管理工具来分析王品集团。首先，我们将探讨新冠疫情前后宏观环境的变化。其次，我们将识别王品集团的核心竞争力，包括其品牌、产品、技术、人才等资源和能力。再次，我们将讨论王品集团的多元化战略与其资源及能力的匹配程度。多元化战略可以帮助企业分散风险，寻找新的增长机会，但同时也需要有足够的资源支持。我们将分析王品集团是否具备实施多元化战略的能力，以及其多元化战略是否与其资源和能力相匹配。最后，我们将探讨为什么王品集团在台湾地区推行的多元化战略在大陆地区却不适，这可能涉及市场环境、竞争态势、法规政策等多方面的因素。我们将剖析这些因素如何影响王品集团的战略选择，并讨论如何通过调整战略来应对这些挑战。通过以上分析，我们希望读者能够更好地理解如何在不确定的环境中进行战略分析和决策，以及如何利用战略管理工具来解码环境，提升企业的竞争力。

案例：王品——把握市场脉动，重塑战略取舍①

在我国台湾地区，王品集团已经证明了其料理天赋。多元的品牌战略和卓越的资源管理就像是它的烹饪秘笈，让其在台湾地区的餐饮市场上独树一帜。当台湾地区的餐饮巨头王品集团跨海来到大陆时，这就像是一场大胆的料理秀。然而，当它站在大陆的厨房面前，眼前的食材、工具和调料都与台湾地区截然不同，它是否能够复制在台湾地区的成功菜谱？

大陆的市场环境就像一个全新的食材市场，竞争激烈、市场细分、资源条件独特，这些都使得王品集团无法简

① 改编自中国工商管理国际案例库（www. ChinaCases. Org）案例《王品：在中国大陆的战略取舍》及相关访谈稿。

单地复制其在台湾地区的成功模式。更何况，新冠疫情的暴发就像餐饮界的一次革新，改变了消费者的口味和习惯。

因此，王品集团在大陆的战略取舍就像是它们在新厨房中的烹饪决策。它们需要重新评估菜谱，调整烹饪技巧，找到符合大陆消费者口味的新料理。它们能否在这个新的厨房里烹饪出让人垂涎的佳肴，让我们拭目以待。

王品集团：始于台湾、扎根大陆的餐饮巨头

王品集团于 1990 年 12 月创立于中国台湾地区，是台湾地区第一大餐饮集团。王品集团始终以成为全球最优质的连锁餐饮集团为愿景，并以"诚实、群力、敏捷、创新"的核心价值观，打造多品牌连锁餐饮航母。

2003 年 3 月，王品集团正式踏足中国大陆地区。它以"创业"而非"单一品牌展店"的态度全心投入，在本地化的过程中，借鉴了在台湾地区的成功经验，同时也根据大陆市场的特点进行了必要的调整和改革。目前，王品集团已在大陆 40 多个城市发展了 10 余个自营品牌，其中包括了王品牛排、西堤牛排、花隐日式怀石料理、鹅夫人港式餐厅、舞渔、鮨鲜、海狸家、The Wang、鹊玥、广府鹅夫人等。

历经 30 多年的发展，截至 2023 年 8 月底，王品旗下共有直营餐饮店 422 家，其中，在台湾有 323 家，在大陆有 99 家。王品集团已经在台湾和大陆共拥有 30 余个餐饮品牌，并于 2012 年 3 月 6 日在台湾地区上市。王品集团在 2023 年第二季度实现了税后净利润 3.6 亿元新台币。根据 2023 年上半年的数据，王品的税后净利润已经达到 7.4 亿元新台币。值得一提的是，仅 2023 年上半年的盈利就已经超越了自 2015 年以来每一年的盈利表现。

王品在台湾地区：打造多元化品牌布局

在台湾地区的餐饮市场中，王品集团以多元化的品牌战略而著称。它的成功故事始于 1993 年，当时它推出了首个西餐品牌——王品牛排。那个时候，台湾地区的西餐市场正在蓬勃发展，大多数牛排餐厅都会提供不同的生熟度供消费者选择。为了打破常规，实现差异化，王品集团选择了一条与众不同的道路，它大胆创新，推出了全熟牛排，这在当时的市场中实属独树一帜，引领了一股新的餐饮潮流。消费者对全熟牛排的推出反应极其热烈，他们的再三光顾是对这个产品成功的最好证明。凭借全熟牛排的成功，王品集团在台湾地区中高端餐饮市场上巩固了自身的地位，成为这个领域的主要竞争者。

此外，王品集团的经营模式也别具一格，它采用了套餐模式来服务消费者，这种模式既简单又易于掌控。王品集团董事兼大陆市场中心总经理英美惠表示："我们创始团队在创业初期都不懂做菜，所以选择操作相对简单的套餐来经营。我们将套餐的制作、服务、管理都分解成一个个可控制环节，然后形成可复制的标准化流程。"这种将各个环节分解、标准化并最终形成可复制流程的经营模式，不仅推动了王品牛排的成功，还为其后续创建的其他品牌提供了参考的模板。到了 2023 年，王品集团的各个品牌几乎无一例外地采用了套餐模式。王品集团不断推陈出新，致力于构建多元化品牌战略，形成了独特的十字形分布格局（见图 3.1），这种格局使其能够满足消费者的多样化需求。

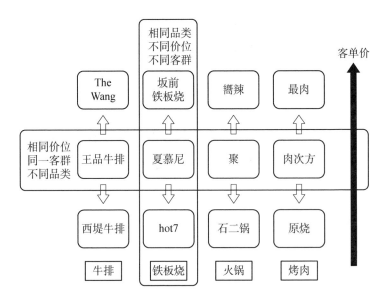

图 3.1　王品在中国台湾的部分品牌十字形架构示意图（西餐＋铁板烧＋火锅＋烤肉）

例如，王品牛排和西堤牛排尽管同为主打牛排的品牌，但其价格定位和目标消费者却各有差异。王品牛排定位于较高的价格区间，专注于提供高端、精致的餐饮体验，而西堤牛排则更注重性价比，适合更广大的消费者群体。同样，在价格定位相近的品牌中，王品牛排、夏慕尼和肉次方等提供了各具特色的餐饮选择。例如，王品牛排专注于牛排，夏慕尼以铁板烧为主，而肉次方则以提供高品质的烤肉为特色。这样的布局使得王品集团能够满足同一价格区间的消费者对于不同餐饮体验的多元化需求。王品集团的这种多元化品牌战略不仅使产品线更加丰富，也能够更有效地覆盖市场，满足更广泛的消费者需求。这也是王品集团在台湾地区餐饮市场持续成功的重要因素之一。

然而，传统的套餐形式对于年轻消费者的吸引力不大。意识到这一点后，王品集团在 2019 年开始调整品牌战略，打破了既有的套餐模式，探索起全自助火锅的新业态。在 2020 年，王品集团精心打造并推出了全新的自助火锅品牌——"和牛涮"。这个品牌以"绿色健康、不长胖"作为其核心口号，致力于吸引那些注重健康饮食和生活方式的年轻消费者。2020 年 5 月，新冠疫情蔓延至台湾地区，许多家庭的就餐频次大幅减少，然而，年轻人的就餐活动依然活跃。王品抓住这一现象，开始加大对年轻人餐饮产品和品牌的研发投入。在 2021 年，推出了具有年轻时尚基因的半自助火锅品牌"尬锅"，以及鼓励年轻人无拘无束享受美食的全自助烤肉品牌"肉次方"。到了 2022 年，王品又陆续推出了餐酒馆套餐烤肉品牌"最肉"，全自助和牛麻辣火锅品牌"嚮辣"，以及套餐式的"坂前铁板烧"。

虽然这些新推出的品牌定位于中高价位区间，但它们依旧吸引了大部分年轻的消费者群体。英美惠对此解释道："我们擅长做中高价位品牌，只不过我们以前的中高价位品牌都是偏优雅型的，而新品牌年轻活泼，主要靠我们市场部年轻的负责人去定调，这个定调也决定了品牌门店的时尚装饰风格。"她重点强调，之所以敢在市场上推出针对年轻人的中高价位品牌，是因为大城市的年轻人消费能力普遍较强，尤其在上海和台湾等地，消费人均超过人民币 200 元的自助餐客户群体主要为年轻人。实际上，王品集团推出的新品牌已经在台湾地区成功赢得了众多年轻消费者的青睐。例如，"肉次方"这个品牌的客户平均消费金额为人民币 190 元，门店热闹非凡，常常座无虚席，消费者往往需要提前 2 个月预订才能抢到 1 个位置。

在新冠疫情肆虐的背景下，王品集团凭借其新推出的品牌创造了业绩增长的奇迹。这些新品牌的出现，不仅丰富了王品的产品线，也帮助其稳住了市场份额，实现了营业额的稳健增长。2021 年，王品的营收达到了 171 亿元新台币（约合 38 亿元人民币），相比前一年增长了 12%。这个增长率在如此严峻的经济环境下，无疑是一个令人印象深刻的成绩。更值得注意的是，到了 2022 年的 6 月和 7 月，王品的单月营收更是实现了惊人的同比增长，分别达到了 144.86% 和 145.86%。这样的增长速度，无疑证明了王品在台湾地区的品牌战略是成功的。截至 2023 年 9 月，王品在台湾地区已经拥有了 23 个品牌，这些品牌涵盖了西餐、中餐、火锅、烤肉、日料等多元化的餐饮品类，展示了其对不同消费者口味的深度理解和满足。这种多元化的品牌战略，使得王品在不同的餐饮市场领域都能找到自己的立足之地。

在王品集团多元化战略背后，是其深厚的行业经验、丰富的产品线，以及对市场趋势的敏锐洞察。王品之所以在烤肉和火锅品类开设多个新品牌，除了迎合年轻人的口味外，更重要的是王品拥有多年积累的牛肉采购渠道资源和规模优势。这使得王品集团能够在保证食材质量的同时，还能有效地控制成本。然而，将传统套餐模式改为自助餐模式，对王品的供应链管理能力提出了更高的要求。

王品的传统套餐模式，菜品种类相对有限，每种菜品的需求量也比较稳定。由于采用前店后厂的制作模式，门店厨房须具备一定的库存空间，因此，对于供应链的要求相对较低，只需要供应商每周两次直接将货物送到门店即可。为了降低成本，自助餐模式通常需要压缩后厨面积，这意味着门店基本没有库存空间，需要实时配送食材。同时，自助餐涉及的菜品和调料种类繁多，每种菜品的需求量也不确定，需要根据实际需求及时补货，且要确保食材的新鲜度和供应的稳定性。这些需求对王品集团供应链的采购、加工和配送能力提出了新的要求。

在 2009 年，王品集团便开始着眼于更长远的品牌战略，创建了平价套餐火锅品牌"石二锅"。为了配合这个新品牌，王品在 2012 年建立了一个专门清洗蔬菜的净菜厂。当王品决定从其传统套餐模式转型，迈向更具挑战性的自助餐模式时，它的供应链体系以这个净菜厂为基础开始进行重构。首先，王品扩展了净菜厂的规模，为所有门店提供服务，以降低净菜的成本。其次，王品设立了 3 个前置仓库，用于储存和分配食材。最后，王品与第三方物流公司合作，实现了门店火锅食材的当日配送，不仅提高了供应链的效率，还保证了食材的新鲜度和供应的稳定性。当王品决定进入中餐品类时，2019 年又在净菜厂附近建立了中央厨房，大幅提升了食材处理和配送的能力。这些精心设计的供应链布局策略，使得王品在 2020 年顺利地从套餐模式切换到自助餐模式。这一转变不仅增强了王品在市场上的竞争力，也为其未来的发展铺设了强大的后勤保障。

王品集团能在疫情期间逆势推出新品牌门店，既得益于其健全的供应链能力，也离不开深思熟虑的安全基金策略。自 2000 年起，王品每年都会拿出一部分利润存入银行，构建起一个安全基金，以应对突发情况。英美惠表示："这是我们经历 1997 年亚洲金融风暴后所做的决定。王品唯一的一次裁员就发生在那次风暴中，那时我们没有钱保护伙伴（员工）。"在此之前，王品的年度利润会被分配给员工。新冠疫情暴发后，这个安全基金开始展现它的价值。在许多餐饮企业因疫情而关门的时候，市场上的房租和原材料价格大幅下降。王品便利用安全基金来开设新的门店，采购并储备关键的原材料，例如牛肉。安全基金的存在，不仅使王品得以在市场低迷时期高速扩张，还让它有能力保留人才和扩大团队规模。在这次新冠疫情期间，王品没有裁减一位员工，反而在 2022 年实施了新的薪酬政策，允许"一年最多调薪三次"。结果，王品的员工平均薪资上调幅度达到了 6%，最高的达到了 18%。

那么，王品集团在台湾地区的做法，是否都能复制到大陆市场？英美惠回答道："两边的员工管理和激励措施是一样的，但其他方面不完全相同，因为台湾地区市场较小，大陆市场很大，消费者需求和竞争有很大的不同。"

王品在大陆：因地制宜、多元品牌

2003 年，王品集团进入大陆市场，在上海开设了第一家西餐厅，也在上海设立了大陆总部。此后 10 年，王品集团主要通过引进台湾的品牌进行发展。例如，从 2003—2005 年，王品集团将一系列台湾地区热门品牌引进大陆市场，包括王品牛排、西堤牛排和陶板屋，同时还自创了丰华火锅品牌。然而，定位于中端价位的日料品牌陶板屋只吸引了较小的客群，盈利能力不强，最后被迫关闭。同样，丰华火锅在当时大陆市场的火锅价格战中败下阵来。因此，从 2006 年开始，王品集团转而专注于发展王品牛排和西堤牛排。当时，对于大部分消费者来说，西餐还是一个相对陌生的概念。这两个品牌分别定位在大陆西餐的中高价位和中端价位市场。到 2012 年，王品已经进驻了大陆近 30 个城市，旗下 5 个直营品牌共开设了 58 家门店。

然而，在这个扩张的过程中，王品集团遇到了一个不可忽视的问题：尽管王品牛排和西提牛排在一线和二线城市取得了一定的成功，但当这两个品牌试图进入三线市场时，却发现生存环境变得异常艰难。王品认为，主要原因是这两个品牌的产品定价相对较高，超出了三线城市消费者的平均消费水平。这个问题让王品集团对大陆市场的消费差异有了更深刻的了解和认识。王品的管理者发现，尽管大陆市场规模巨大，但不同城市，甚至是城市的不同区域，消费者的购买力和消费习惯都存在着显著的差异。比如，一线和二线城市的消费者可能更愿意为高品质的餐饮服务支付较高的价格，而三线及以下城市的消费者则可能更看重价格因素。

王品集团意识到，如果想要在大陆市场取得更大的成功，就不能简单地复制在台湾地区和大陆一线、二线城市的成功经验，而需要根据各个城市消费者的实际需求和消费能力，进行更精细化的市场分析和业务定位。因此，在触及西餐市场的局限后，王品集团于 2012 年也在大陆选择了多元品牌战略。2013 年 6 月，王品集团针对大陆市场推出了第一个新品牌"花隐"，这是一个面向王品牛排客户群体开发的高端日料品牌。同年年底，王品又推出了面向同一客户群体的"慕·法式铁板烧"。到了 2015 年，王品集团开始进入中餐市场。王品发现，大陆餐饮市场的格局是高价位和低价位的市场规模大，而中间价位的市场规模相对较小。因此，在这里要么做高端品牌，要么做快餐品牌。于是，王品集团决定推出高价位的中餐品牌，并选择切入两个市场规模最大的菜系品类：粤菜和川菜。2015年，它们推出了以烧鹅为主打的粤菜品牌"鹅夫人"，并将每位顾客的平均消费定在大约100元。接下来的一年，又推出了川菜品牌"蜀三味"，同样将每位顾客的平均消费定在100元左右。然而，与此同时，王品集团也发现了一个问题：即使是在一、二线城市，王品的市场空间也并不大。因此，王品集团开始在大陆市场涉足快餐领域。2018年，王品推出客单价52元的汤面品牌"三蛙造面"。不仅如此，在火锅品类，王品还于2021年引进其台湾地区品牌"和牛涮"，并自创了"西川霸牛"。至此，王品进入了西餐、日料、中餐和火锅四大品类。

2012—2023年，王品在大陆的品牌数从2个增加到近14个，然后又下降到11个，门店数也从最高时的153家下降到99家。在幸存的门店中，王品牛排和西堤牛排门店数之和占比达85%。值得注意的是，王品集团在大陆的品牌分布形态也呈现出十字形（见图3.2）。"在台湾地区早期的品牌十字形是自然形成的，当我们发现它的合理性后，在大陆市场创新品牌时，我们就遵照十字形架构来寻找和布局新品牌。"英美惠解释道。

2021年，王品集团在决定如何在大陆市场进行战略布

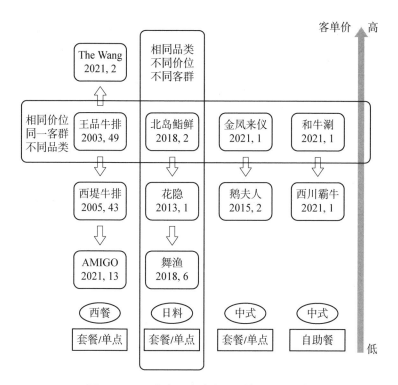

图 3.2 王品在中国大陆市场品牌十字形分布

注：品牌下面的数字第一个是截至 2021 年底品牌在大陆市场落地的年份，第二个是品牌门店数。

局时，内部产生了两种不同的观点。一种认为，考虑到大陆市场的巨大规模，应集中精力发展西餐业务，王品牛排和西堤牛排这两个品牌均拥有充足的发展潜力。这个观点强调，把这两个品牌做大做强，以实现规模经济的优势。另一种则主张打造多元化的品牌战略。他们认为，尽管大陆市场广大，但西餐在其中占据的份额相对较小，市场空间有其局限性，并且主要集中在一线和二线城市，因此，王品集团应借鉴在台湾地区的经验，构建多元化的品牌格局，尽可能地挖掘有限市场空间的潜在价值。

然而，之前的新冠疫情对餐饮行业造成了深远的影响，使得战略决策变得更为复杂。在这种情况下，需要应用战略分析工具，全面考察市场环境、竞争格局、自身资源等因素，进行深入的分析和评估。只有这样，才能在当前的形势下，做出最符合自身资源和市场环境的战略决策。

大陆餐饮市场环境

大陆的餐饮市场发展具有地域性特征，一、二线城市及东部和南部地区的餐饮业态活跃，餐饮门店数量较多。然而，自 2019 年以来，餐饮市场的增长动力开始向下沉市场、北部和西部地区转移。其中，下沉市场的餐饮门店年均增长率超过 20%，四川、重庆以及内蒙古等地的餐饮收入跃居全国前三。

在新冠疫情暴发前，大陆的餐饮市场一直保持稳定增长，2014—2019 年的年复合增长率为 10.1%，餐饮业收入在 2019 年达到了 4.7 万亿元，门店数量为 991 万家。然而，2020 年的疫情导致当年行业收入下降至 4 万亿元，但随着防疫措施的常态化，2021 年的行业收入恢复到 4.7 万亿元。尽管如此，2022 年的前 10 个月，由于疫情的反复和严格的防疫措施，行业收入再次下降至 3.5 万亿元，同比增长率为－5%。2020—2022 年上半年，中国餐饮门店净减少了 200 万家，其中，37 万家在 2022 年上半年关门。2022 年 12 月 7 日，政府放开了疫情管控措施。

经历了 3 年的疫情以及其他因素的影响，中国大陆的餐饮业正在经历以下变化：一是社区小店成为新趋势；二是许多餐饮品牌采取线上线下全域运营，通过短视频和社交平台进行营销，这样的品牌占比达到 59.1%；三是具有性价比的餐饮品牌发展较好；四是越来越多的品牌不再坚持直营模式，而选择开放加盟；五是餐饮"预制化"趋势明显。

作为餐饮业的一个细分领域，西餐也经历了类似的变化。2014—2019 年，西餐行业的收入年复合增长率为 12.8%，2019 年的行业收入达到了 7 112 亿元。然而，2021 年，西餐在整个餐饮市场的门店数量和品牌数量占比与 2020 年相比均有所下降。这主要是因为在新冠疫情下，餐饮市场的竞争加剧，如火锅、烧烤、小吃快餐、茶饮等受年轻人喜爱的热门餐饮品类的增加，使得西餐的市场空间被挤压。此外，一些西餐细分品类甚至出现了负增长。

例如，2021—2022 年 5 月，牛排品类的门店净关店数达到 6 000 家。关店的不仅有中小西餐品牌，还有知名品牌和连锁品牌。例如，2021 年 12 月，被誉为"西式轻食鼻祖"的"新元素"关店，它曾在一线城市拥有 30 多家门店。2022 年 2 月 15 日，上海知名西餐品牌"米氏西餐厅"也宣布破产。一位西餐厅总裁认为："西餐品类老化，包括产品老化、营销老化、服务老化等，应该是更重要的原因。"

餐饮行业竞争格局

中餐竞争对手

根据 2022 年的数据，目前在大陆市场活跃的中餐种类共有 16 种。其中，王品集团涉足的川菜和粤菜在门店数量上分别排名第一和第三。川菜门店总数量达到 32 万家，占全国中餐总门店数量的 31.3%；粤菜门店总数量为 13 万家，占比为 12.7%。尽管川菜连锁企业占有 27% 的市场份额，但头部品牌的门店数量最多也只有 110 家。在 2019—2021 年，大多数门店的人均消费在 60 元以下。然而，在川菜最大的细分市场——火锅中，却诞生了海底捞这样的头部品牌，其门店数量达到了数千家。

海底捞成立于 1994 年，一直以提供高质量的服务在火锅行业中塑造差异化的竞争优势。海底捞的人均消费额从 2016 年的 94.5 元增长到 2020 年的 110.1 元。在大陆市场，海底捞开设了 1 400 家门店，并建立了 4 000 个大型的物流配送基地，形成了集采购、加工、仓储、配送于一体的物流供应体系。除了经营火锅外，海底捞也在进行多元化的布局。自 2014 年起，它开始推出火锅外卖业务，并创立了 Hi 捞小酒馆、海底捞奶茶店和制茶乐园等品牌。同时，海底捞也推出了川式快餐品牌 U 鼎冒菜。此外，海底捞还通过电商和线下渠道销售火锅底料、调味品和预制食品等零售商品。2022 年，海底捞还推出了社区运营事业部，专注于提供堂食服务以外的多元化餐饮服务，尝试实施"到家＋到店"的战略，利用连锁经营和供应链优势，满足消费者新的餐饮需求。和其他餐饮企业一样，海底捞在疫情期间也受到了重创，关掉了 300 多家门店。但到 2022 年 6 月，其在大陆的餐厅经营表现已经明显好转。在火锅市场，海底捞的市场份额最高时达到了 5.8％，而火锅市场前三名品牌的市场份额总计仅为 7.3％。

虽然王品集团的粤菜门店数量在全国排名第三，但这个细分行业的市场集中度相对较低，有很多受欢迎的独立门店。这些门店大部分集中在广东和华南等地，走出华南的门店不多。这是因为粤菜主要是正餐，难以标准化，而且定位偏高端。然而，陶陶居是一家能够突围的粤菜品牌。陶陶居成立于 1880 年，趁 2019 年大陆国潮文化的兴起，走出广东，在上海开设了门店。它以"岭南传统元素＋广东美食"的方式吸引了上海的年轻消费者，成为网红品牌。随后，陶陶居在上海、北京等大城市陆续开设门店。到 2022 年底，陶陶居已经拥有 30 多家门店，因此被认为"有可能成为全国性的粤菜品牌"。与传统粤菜品牌的高端定位不同，陶陶居主打平价菜品，人均消费额约为 130 元。

西餐竞争对手

在大陆的西餐市场中，王品所处的竞争环境并不单一。它的竞争对手不仅包括同一市场定位的企业，还包括平价西餐品牌和西式快餐品牌。这两类品牌在菜品种类和目标客户群的定位上，都和王品存在重叠。

蓝蛙：这是一个由美国人于 2003 年在上海创立的中高端西式休闲连锁餐厅酒吧。它主要提供美式炙烤食品和鸡尾酒，以及全日的餐饮服务，包括早午餐、午餐、下午茶和晚餐。目标客户群主要为年轻人，其中，女性占比较高。截至 2022 年，蓝蛙在大陆拥有 79 家门店，覆盖 20 多个一、二线城市。

兰巴赫：创建于 2006 年，是一家以德式餐饮为主的中高端西餐啤酒屋。兰巴赫的目标消费者原本为拥有经济实力和品位的 30 岁以上的商务人士，然而在 2020 年之后，它开始瞄准 20 多岁的年轻消费者。截至 2022 年 10 月，兰巴赫在大陆 12 个城市拥有超过 30 家门店。

萨莉亚：萨莉亚是一个 1967 年创立的日本品牌，主营平价意大利餐品。萨莉亚在中国被誉为西餐的性价比之王，以人均 20～50 元的价格满足不同消费者的需求。发展到 2022 年 9 月，萨莉亚在大陆有近 400 家直营门店。

百胜中国：百胜中国是 Yum! Brands 在中国大陆的特许经营商，拥有肯德基、必胜客和塔可贝尔等品牌在大陆的独家经营权。百胜中国的战略是提供均衡营养的新式快餐，以适应本地消费者的需求。截至 2022 年 9 月底，百胜中国在大陆的 1700 多座城镇，拥有 12 409 家门店。

除了上述品牌，起源于广东的本土西餐品牌果木牛排也是王品不能忽视的竞争对手。他们的牛排带有广东的腊味特色，深受消费者的喜爱。除了牛排外，果木牛排的餐厅还提供日式料理和粤菜，因此，其客群覆盖面广泛。在这种竞争环境下，王品需要更好地定位自己，为客户提供独特且高质量的服务，以便在竞争中脱颖而出。

王品集团：未来战略取舍

在大陆市场的中餐界深耕多年之后，英美惠终于认识到，掌握中餐烹饪技术并非易事，而且无法与本土同行在价格敏感的火锅市场进行低价竞争。因此，下一步的战略决策至关重要：是在中餐、西餐两个市场上同时发展，还是回归并专注于西餐市场？

如果选择在两个市场同时发展，王品就必须将一部分甚至大部分的精力和资源用于开拓中餐市场，面对来自中餐各细分市场的多元化竞争。在这样的情况下，王品能拥有什么竞争优势？更重要的是，在中餐市场的激烈竞争是否会削弱王品在西餐市场的竞争地位？

反过来，如果决定回归并专注于西餐市场，那么这个市场是否值得全身心投入？大陆西餐市场已经有了多个综合品牌和细分品牌。从就餐场所类型来看，除了正规的西餐馆外，还包括休闲西餐馆、轻西餐、餐酒馆、夜店西餐馆等；从菜系来看，包含了意大利菜、西班牙菜、美式菜、北欧菜等。面对这样一个多元化的市场，王品应该制定何种品牌战略？王品的西餐主要定位在中高价位，未来是否应考虑在平价市场进行布局？是否应涉足西式快餐、休闲西餐市场或者餐酒馆？为了吸引年轻消费者，王品应该如何使消费场景更加休闲、更加浪漫？

案例点评

王品集团在大陆市场的战略取舍，生动展示了企业如何在飞速变化的商业环境中巧妙运用战略管理工具。这些工具，如 STEP 和价值链分析框架，赋予企业深度解析市场环境、竞争对手及自身资源的能力。企业所面临的挑战并不仅仅是如何在当前市场中取胜，更关键的是如何在不断变迁的环境中构建并调整长期战略。

王品集团作为一个多元化的餐饮企业，在不同的餐饮形式上有着不同的产业结构。比方说，西餐与中餐就在经营环境和产业布局上存在显著差异，读者可通过 STEP 分析框架对其进行深入剖析，理解王品集团如何在竞争激烈的餐饮界分配资源和优化布局。

在社会层面，王品集团旗下的中餐更侧重于迎合地域风味和维护传统口感，而西餐则顺应现代化和国际化的潮流，追求创新性与多样化。社会人口结构的演变以及健康意识的提升对两者的发展方向和产业结构产生了不可忽视的影响。此外，人口结构的变化、健康意识的增强等社会因素也会影响两者的产业结构和发展。技术的运用在这两种餐饮形式中也呈现出明显的差异。西餐业务倾向于引入先进的厨房设备，而中餐业务则更多依赖于传统的烹饪手法。不过，随着技术的普及，先进厨房设备的更新迭代，两者之间的差异可能会不断减少。经济因素，如消费能力、物价水平和成本管理，在中西餐产业结构中也扮演着关键的角色。西餐可能面临着更高的原料和操作成本，而中餐由于原料易得且烹饪方式多样，可能在成本控制上有着更大的灵活性。此外，经济全球化也可能为西餐带来更广泛的市场机会。政治因素，如政策法规、贸易壁垒和食品安全规范，同样对中西餐产业结构产生了深远影响。西餐业务可能因依赖进口食材而受到关税政策、地缘政治等事件的直接冲击，而中餐业务则须紧密遵循本地的食品安全法律法规。

总的来说，王品旗下的中西餐饮业务在面对社会文化趋势、技术发展、经济条件和政治法规时都表现出了各自的特点和应对策略，其产业结构的不同体现在目标客群、原料来源、成本控制、市场定位和运营管理等方面。因此，王品集团在分析及规划其广泛餐饮业态及其产业结构时，必须深入考虑上述多维因素，确保其战略决策更加贴合各自业态的特性，有效指导其在中国大陆市场上的持续扩张与深化发展。

不仅在不同的餐饮形式中，王品集团的战略布局也应考虑到不同地域市场的特殊性，精准把握各地市场的独特需求和挑战。尤其是在跨地域经营时，王品集团需要审慎评估战略的适应性和可复制性。这里就涉及产品市场多元化（product-market diversification①）和产品市场契合度（product-market fit②）两个概念。产品市场多元化是指企业为了实现增长或降低风险，通过开发新产品或进入新市场来扩展商业版图的战略。这可以包括向不同行业或不同地理区域的扩张，或者同时进行。通常情况下，产品市场多元化有助于企业缓解依赖单一市场或产品的风险，同时，也有可能带来新的收入来源。当然，产品市场多元化的缺点也很明显，多元化可能导致组织结构变得复杂而难以管理，也可能导致企业的资源和注意力从核心业务转移，变得过度分散，等等。因此，在进行多元化时，企业必须确保它们具备或能够发展必要的资源和能力，既能保持对现有业务的关注，又能开辟新市场、新产品以扩张业务版图。

与此同时，企业的多元化战略也依赖于其对市场机会的准确评估和充分准备，从而达到产品和市场的契合。产品和市场的契合通常是指一种市场状态，即一个公司的产品或服务满足了其目标市场的需求，这是任何新产品或服

①　ANSOFF H I. Strategies for diversification [J]. Harvard Business Review, 1957,35(5):113 - 124.

②　MYERS H. Validating product-market fit in the real world [EB/OL]. (2022 - 12 - 22)[2023 - 08 - 08]. https://hbr.org/2022/12/validating-product-market-fit-in-the-real-world.

务成功的关键先决条件。要实现产品与市场的契合，企业需要深入了解顾客的需求、痛点以及市场的现状和潜在机会。企业也需要认识到，产品与市场的契合并不是一成不变的。随着市场的发展和变化，企业的产品也需要不断地调整和优化才能保持这种契合状态。成功的公司通常能够在产品生命周期的不同阶段反复调整，实现产品与市场的契合。更进一步，对于实行产品多元化战略的企业来说，这种调整不是局限于单一产品，而是涉及整个产品组合。公司需要不断评估市场表现、销售数据和客户反馈，对现有产品组合进行更新迭代，比如增加新的产品线，调整现有产品的市场定位，或是优化产品组合。这种动态的产品管理，有助于企业把握市场脉搏，迅速响应市场变化，确保企业资源得到最有效的利用。

在中国台湾，王品集团成功实施了多元化战略，但在大陆却遇到了重重困扰，在台湾的成功并未能直接复制到大陆，这是一个值得深入探讨的问题，我们可以从产品市场多元化的角度来理解。王品在大陆的扩张之所以举步维艰，可能的一个原因就是产品市场多元化战略与资源匹配程度的问题。通过运用价值链分析，王品集团需要评估其在大陆市场的核心竞争力，以及自身资源及能力能否支撑多元化战略的实施。同时，实施多元化战略可能带来的高成本、高风险和协调问题也需要考虑在内。例如，不同的菜系可能需要不同的资源和知识，进入新市场可能会遭遇不同的竞争格局和市场风险，而在不同领域内的资源分配和利用则需要有效的管理和协调。此外，台湾和大陆的市场环境、竞争格局及资源配置也大相径庭。例如，台湾市场规模较小，多元化可能带来更多的增长机会；而大陆市场广大，竞争更为激烈，多元化可能导致资源过度分散。另外，台湾可能拥有更为灵活的供应链和合作伙伴关系，而大陆的复杂性可能增加多元化的难度和风险。因此，王品集团需要不断运用战略分析工具，更新市场洞察和自我审视，从而为未来的决策提供充分的支持。

宏观环境的不断演变，尤其是疫情带来的巨大冲击，已经改写了中国大陆餐饮业的竞争格局。王品集团作为业内的一员，面临着双重挑战：一方面是高端市场的消费者更加注重餐饮体验和食品品质；另一方面是大众市场的消费者对价格更加敏感，更加追求性价比。这种消费两极化的趋势要求王品集团不仅要应对市场的分化，还要在不同的细分市场中快速且准确地找到自己的定位，灵敏应对餐饮市场的高速变化。

在应对这些挑战时，宏观环境分析成了王品集团不可或缺的工具。通过对政治、经济、社会、技术等因素的全面审视，王品集团能够快速洞察市场趋势，预测潜在的风险和机遇。例如，王品集团需要考虑经济复苏期间的消费者信心、政策导向的变化，以及科技进步如何影响消费者的就餐选择和餐饮业的运营模式。价值链分析则可以帮助王品集团深入了解其内部作业流程中的每个环节，识别出可以增加价值的关键环节，以及可能导致成本上升的低效环节。通过优化这些环节，王品集团能够更好地控制成本，同时提升产品和服务的品质，从而应对不同细分市场的需求。内部环境分析，尤其是 SWOT 分析，可以帮助王品集团在不断变化的宏观环境中审视自身的优势和弱点，充分利用外部的机会，准确规避潜在威胁。在具体战略上，王品集团需要在高端餐饮市场和经济型餐饮市场之间做出明智的选择和规划。比如说，在高端餐饮市场，提升服务水平，强化客户体验，增强品牌形象；在经济型餐饮市场，通过提高操作效率和供应链管理水平来降低成本，以价格优势吸引消费者。

总之，在这个动态变化的宏观环境中，王品集团需要不断审视和调整竞争战略，灵敏运用宏观环境分析、价值链分析、内部环境分析等战略管理工具，确保其战略的灵活性和适应性，既能迎合市场需求，又能发挥内部优势，从而在激烈的市场竞争中保持品牌的鲜活力和竞争力。

第 3 章

动态能力：
在不确定性中找到
确定性

毫无疑问，高速变化和不确定性已经成为商业环境的新常态。在这种新的商业现实中，未来充满了未知和难以预测的因素。尽管我们身处"大数据"和信息高速传播的时代，但对于未来的全面理解和准确预测仍然遥不可及。换言之，我们对未来的假设往往是错误的或者片面的，这无疑给企业管理者带来了空前的挑战和压力。研究表明，在快速变化的环境中，企业能够维持竞争优势的平均时间已随着时间的推移而缩短。这意味着，对企业来说，实现并保持长期竞争优势变得越来越困难①。当面临不确定性时，传统的战略管理方法可能会考虑到创新和变革，但它们往往主要关注可量化的波动所带来的影响，而忽视了商业环境中更多不可量化的因素②。这要求管理者采取全新的管理反应、应对策略以及创新性的商业倾向。也就是说，企业需要采取一种新的管理方式，即通过有效应对环境的连续冲击，积极建立一系列的临时优势③。

因此，在未来的轮廓尚未清晰的时候，演绎和归纳的

① WIGGINS R R, RUEFLI T W. Schumpeter's ghost: is hyper competition making the best of times shorter? ［J］. Strategic Management Journal, 2005,26(10):887－911.

② TEECE D, LEIH S. Uncertainty, innovation, and dynamic capabilities: an introduction ［J］. California Management Review, 2016,58(4):5－12.

③ EISENHARDT K M, MARTIN J A. Dynamic capabilities: what are they? ［J］. Strategic Management Journal, 2000,21(10－11):1105－1121.

方法可能无法帮助管理者穿透高度不确定性所带来的迷雾。在这种情况下，企业需要构建灵活应变的组织能力，借助深刻的洞见、专家的知识、领袖的判断，甚至可能需要群众的智慧来弥补预测的不足。只有这样，企业才能在不断变化的商业环境中稳健应对，把握机遇。那么，企业应如何建立起这种类型的组织能力，并如何成功地应对这些充满挑战性的任务呢？动态能力（dynamic capabilities）理论给予了管理者与研究人员一个有力的回答。

动态能力是什么？

动态能力理论是戴维·蒂斯（David Teece）和他的合著者们在 20 世纪 90 年代通过一系列论文逐步构建出来的[①②]。这一理论的设计初衷，是为了在快速变化且复杂的环境中指导企业的决策和行动。它提出了一种在高度不确定性环境下的企业管理思想，并且详细阐述了在企业层面如何塑造和保持竞争优势。

所谓能力（capabilities），是指企业以半常规化

---

① TEECE D, PISANO G. The dynamic capabilities of firms [M]. Berlin: Springer Berlin Heidelberg, 2003.

② TEECE D J, PISANO G, SHUEN A. Dynamic capabilities and strategic management [J]. Strategic Management Journal, 18(7):509-533.

(semi-routinized) 的方式进行的一系列活动，这些活动使得企业能够完成特定的任务，并在各种困难环境中保证产品和服务的生产与交付，以及利润的产生[①]。管理学者通常将能力分为普通能力（ordinary capabilities）或零阶能力（zero-level capabilities）和高阶能力（higher-order capabilities）。普通能力或零阶能力涉及企业必须执行的行政、运营或治理等相关功能，以完成特定的任务。在这个静态过程中施展的能力可以理解为企业在短期内"维持生计"的基础，也就是"我们当前如何谋生"的能力。如果没有这些能力，企业就无法从客户那里收取收入，进而购买更多的投入，重复整个生产和服务的过程[②]。相对而言，能够改变产品功能、制造流程、生产规模或服务对象的能力则不属于零阶能力。在许多公司中常见的新产品开发，便是典型的高阶能力的例子。作为一种高阶能力，动态能力的核心特征在于关注和主导变革，这是管理学界普遍接受的观点。与普通或零阶能力相比，动态能力可以定义为那些能够扩展、修改或创造普通能力的高阶能力。例如，科利斯（Collis）非常明确且系统地强调，动态能力主导

---

① TEECE D, LEIH S. Uncertainty, innovation, and dynamic capabilities: an introduction [J]. California Management Review, 2016,58(4):5-12.

② WINTER S G. Understanding dynamic capabilities [J]. Strategic Management Journal，2003，24 (10)：991-995.

着普通能力的变化速度①。

戴维·蒂斯等人将动态能力定义为"企业整合、建立和重塑内部与外部能力以应对快速变化环境的能力"②，并进一步明确，动态能力实际上为一系列特定且可识别的过程，例如产品开发、战略决策制定和战略结盟等③。而凯瑟琳·艾森哈特（Kathleen Eisenhardt）的观点则强调，动态能力实质上是企业利用资源的能力。她认为，这种能力的核心在于企业如何整合、重新配置、获取和释放其资源；更进一步，她提出，这种能力还可以扩展到适应甚至引领市场变化的层面。因此，动态能力是企业通过组织和战略的例行程序达成新资源配置的关键方式，同时也是在市场出现、碰撞、分裂、演变和消亡的过程中，企业实现资源重新布局的重要手段④。

他们的观点明确指出，动态能力所扮演的角色是帮助企业整合、协调、构建并重新配置内部和外部的资源。他

① COLLIS D J. Research note: how valuable are organizational capabilities? [J]. Strategic Management Journal, 1994,15(S1):143-152.

② TEECE D J, PISANO G, SHUEN A. Dynamic capabilities and strategic management [J]. Strategic Management Journal, 18(7):509-533.

③ TEECE D, LEIH S. Uncertainty, innovation, and dynamic capabilities: an introduction [J]. California Management Review, 2016,58(4):5-12.

④ EISENHARDT K M, MARTIN J A. Dynamic capabilities: what are they? [J]. Strategic Management Journal, 2000,21(10-11):1105-1121.

们的理论特别关注的是一种特定类型的外部环境，即快速变化的商业环境。具体而言，商业环境是全面开放的，充分暴露于与技术快速变化相关的机遇和危机之中。技术改变本身具有系统性，需要将多种创新结合起来，才能创造满足消费者需求的产品或服务。全球市场对商品和服务的交换已经发展成熟。然而，用于交换技术和管理知识的市场尚处于初级阶段①。他们认为动态能力通常是由企业内部构建的，而非从外部购买所得，这些能力的创造和演变都深深嵌入在由企业资产状况和过去的演化路径所决定的组织过程中。由于动态能力的产生和发展都深深依赖于企业不同的发展路径、独特的资产状况和特有的组织过程，动态能力在不同企业间存在差异，这种差异性导致某些企业能够创造并保持竞争优势。

动态能力能做什么？

　　企业在当下的成功往往并非由其对已知约束的优化或在生产中实现规模经济的能力决定；相反，企业的成功更

①　TEECE D J. Explicating dynamic capabilities: the nature and microfoundations of （sustainable） enterprise performance ［J］. Strategic Management Journal, 2007,28(13):1319-1350.

大程度上取决于其识别和利用新机会的能力，有效整合内外部创新的能力，以及保护自身核心竞争力的能力，比如，转移高新技术，保护知识产权，实行"最佳实践"，创新商业模式，甚至包括塑造"游戏规则"等。实现这些目标都需要依赖动态能力。换言之，动态能力可以分解为以下三个关键能力：洞察机会与威胁的能力；抓取机会的能力；通过增强、整合、保护，以及在必要时重塑企业的无形和有形资产，以保持其竞争力的能力①。

在这个瞬息万变的商业环境中，消费者的需求、技术的进步和竞争的态势都在持续地发生变化。然而，许多新兴的发展趋势却往往难以察觉。因此，洞察商业环境中的机会和威胁，对于企业的生存和发展来说，已经成为一项必备的关键能力。洞察新的机遇主要是一种扫描、解读和学习内外部信息的活动，这包括探索客户的潜在需求，理解行业和市场的结构变化，以及预测供应商和竞争者可能的反应等。探索科技创新的可能性，通过研发或利用外部的研究成果来找寻技术机会，同时了解客户的潜在需求，就能拓宽其商业化机会的范围。而对于那

---

① TEECE D J. Explicating dynamic capabilities: the nature and microfoundations of (sustainable) enterprise performance [J]. Strategic Management Journal, 2007, 28 (13): 1319 - 1350.

些固守旧有问题解决方式的管理团队来说，由于缺乏相应的动态能力，它们在突破有限的搜索范围以识别机遇时，面临着巨大的困难和高昂的成本。企业识别机遇的能力，依赖于组织的信息获取方式以及对机遇的感知能力。前者意味着管理者需要积累信息，并利用专业知识和社交网络对信息进行筛选，以便理解技术机会、客户需求和市场反应。而后者在某种程度上取决于管理者的能力和知识（或者管理者所属组织的知识和学习能力），特别是关于用户需求、现有以及创新解决方案的知识。因此，企业可以运用其动态能力来识环境变化带来的新机遇。这需要对商业环境的变化有敏锐的洞察力，包括对技术进步、市场趋势、消费者需求以及竞争动态等方面的深入理解。

一旦察觉到新的（技术或市场）机会，就需要通过推出新产品、改进流程或提供新的服务来实现其商业化价值。因此，企业需要提升技术能力并投资补充性资产，当机会逐渐成熟时，应重点关注那些最有可能赢得市场认同的特定技术和设计。大多数企业依赖于组织流程、现有资产和自身技术，在面对需要创新，尤其是那些可能摧毁现有能力、非递增性或激进的创新时，往往处于不利地位①。因此，在充满创新、变化和不确定性的环境中，做出高质量、无偏的投资决策的能力是非常罕见的。如果一家企业察觉到商业机会却未能把握住机会，也就不那么令人感到惊讶了。

　　动态能力的一个重要方面涉及管理者如何能够超越既定决策规则和资源分配过程中某些"功能失调"的特征，以便更好地把握识别到的机遇。例如，动态能力可以赋予企业创建、调整、优化，甚至在必要时替换商业模式的能力，涉及：①确定哪些技术和特性将被嵌入产品和服务；②商业的收入和成本结构如何被"设计"以及必要时如何被"重新设计"以满足客户需求；③技术整合的方式；④确定将要针对的细分市场；⑤获取价值的机制和方式②。产品的设计规格、性能参数，以及所采用的商业模式，都在塑造企业向客户提供价值、吸引客户为这些价值付费，以及将这些收款转化为利润的方式。因此，有了对机遇的识别，企业还需要动态能力将这些机遇转化为商业价值。这可能涉及产品或服务的创新，或者调整商业模式以更好

　　① HENDERSON R M, CLARK K B. Architectural innovation: the reconfiguration of existing product technologies and the failure of established firms [J]. Administrative Science Quarterly, 1990, 35: 9 - 30.

　　② TEECE D J. Explicating dynamic capabilities: the nature and microfoundations of (sustainable) enterprise performance [J]. Strategic Management Journal, 2007, 28(13): 1319 - 1350.

地满足新的市场需求。

成功洞察新兴的技术和市场机遇，明智地选择适当的科学技术和产品属性，设计合适的商业模式，并向该投资机会注入资源，都可以推动企业的增长和盈利。而利润的增长会导致企业级资源和资产的扩张，要想实现持续的利润增长，关键在于能够随着企业的扩张，以及市场和技术的不断变化，重新整合和调整资产及组织结构。

大多数企业，特别是那些拥有大量固定资产的公司，可能会更倾向于在与其现有资产基础相符的领域内进行新的投资。它们可能会将创新活动限制在对现有的技术和组织资产的利用上，这使得它们很难发现或理解潜在重大创新的可能性。这些企业往往会根据其现有的知识基础、资产，以及既定的问题解决策略来定义新的问题，大概率依循现有的"成功"路径。因此，即使管理层能够识别出新的机遇或潜在的创新，他们也可能无法有效地对其进行应对和利用。

此外，传统的管理方式倾向于强化层级制度，通常包括顶层、中层和底层三个管理层次。控制权由顶层把握，并通过各级向下渗透。这种结构常导致员工最终对管理负责，而非客户。在这种中心化的组织结构中，顶层做出的战略决策常常与市场实际情况脱节。为了管理多层次的组织，所需的系统和规则往往会产生结构僵硬的问题，进一步削弱了企业对客户需求和技术变革的灵活应对能力。

因此，在企业成功识别并深入洞察到潜在的商业机会，设计出能够有效抓住这些机会的商业模式后，企业仍需依赖其动态能力，以持续整合其独特的有形和无形资产，如技术、人才、品牌和文化等，从而更好地推动创新和变革。比方说，在管理层面，动态能力的体现可能是推动企业向扁平化管理的转变。这种转变能使决策过程更加高效，从而提高整个组织对市场需求和技术进步的灵活性和响应速度。同时，动态能力也能够助力企业更有效地应用开放式创新。这可能体现为通过与外部组织的合作，引进更先进的技术或知识，或者利用开放平台吸纳创新性的思想和解决方案。此外，动态能力还能增强企业的整合和协调能力，这会使企业能够更好地调动和配置内部和外部的各种资源，以支持其创新和发展。这种整合和协调能力对于新产品开发、市场拓展等创新活动尤为重要。在知识管理方面，动态能力有助于企业更高效地管理、传播和运用其内部的核心知识。例如，企业可以通过构建高效的知识管理系统来促进知识的分享和流动，不仅能提升企业的创新效率，也能助力企业积累并提升其核心竞争力。

　　动态能力的理念将创新精神和资源协调两大维度巧妙地融合在一起，这样的能力让企业能更好地应对和塑造不确定的未来。例如，如果一家公司配置了高效的早期预警系统，可以迅速洞悉商业环境的波动，那么它在应对正面和负面冲击时将具备更多的反应时间。同样，具有强大的抓住机遇和转型能力的企业在遭遇挑战、需要迅速调整时，将展现出更强的韧性，并始终保持灵活和迅速的反应能力①。

如何打造动态能力？

　　如何让企业将动态能力付诸实践？这里将深入研究组织设计的关键作用，它是动态能力的核心驱动力；并将讨论管理者如何运用创新的组织形式，以培养深入洞察和抓住机遇的能力②。

　　不可否认的是，传统的组织设计工具，如等级制度、职能划分、正式报告和长期规划等，可能并不适合快速变

---

　　① TEECE D, LEIH S. Uncertainty, innovation, and dynamic capabilities: an introduction [J]. California Management Review, 2016,58(4):5-12.

　　② FELIN T, POWELL T C. Designing organizations for dynamic capabilities [J]. California Management Review, 2016,58(4):78-96.

化的商业环境，因为它们可能会抑制创新精神，降低员工主动性，并减缓对市场的敏感反应。不足为奇的是，一些开创性的公司开始尝试新的组织架构，寻找到了更适合持续创新的新结构和新流程。因此，为了设计出具备动态能力的组织架构，企业需要识别内部现有的信息、知识、经验和能力，并将这些全面地运用到集体决策中去。无论在理论还是实践方面，组织设计者的使命都是构建出能让员工与其相关环境紧密接触的结构，并创建出能激发学习、分享和个人知识融合的流程，从而使得整个组织能做出明智的决策。管理学者从许多创新型公司中总结出了一种新的组织架构，它可以帮助企业建立起动态能力，主要包括两个方面：一是通过多元统治（polyarchy）实现分权，二是通过社会认同（social proof）实现整合。

在政治科学中，"多元统治"这个术语指的是一种政府体制，其中，权力被广泛分配给许多个体。当这种原则被用于指导公司内部组织架构时，其优势在于能够将决策权交给那些最接近实际活动的员工。多元统治为专业人士和研究小组提供了自主权，这种做法有助于在局部的环境中激发出创新能力，同时减少了官僚体制对项目批准和实施的阻碍。因此，多元统治作为一种原则，为培养动态能力打开了通道，使得企业更有可能洞察、塑造并有效把握新的机会。

维尔福（Valve）集团的产品 Steam 就是一个很好的例子。这个平台是为数字分发、数字版权管理、广播和社交网络而设计的。Steam 项目的发起并不源自从上而下的流程，比如竞争分析、市场研究、预算决策等。相反，一些在组织底层工作的创新者发现，他们对视频软件的最新想法与潜在的市场机会相匹配。因此，他们向潜在用户分享了这些想法，同时向其他维尔福员工推广这些想法，然后招募了一支项目团队进行设计和执行，最终创造出了业界最创新和最成功的平台之一[①②]。维尔福公司的目标是通过多元统治实现组织结构的差异化，超越传统的分权和授权体系，充分利用产品研究、研发设计和工程等领域专家的创新能力。为此，公司赋予所有员工完全的决策权，让他们能提出项目，招募项目团队，设定预算，确定时间表，并最终将产品交付给客户。与传统自上而下的研发流程相比，维尔福的多元统治方式提高了消费者的参与度、项目团队的积极性，以及产品的上市速度。

---

①　SMITH R, Valve to showcase SteamVR hardware, Steam machines and more at the GDC 2015 [EB/OL]. (2015 - 02 - 23)[2023 - 09 - 10]. https://www. anandtech. com/show/9003/valve-to-showcase-steamvr-hardware-steam-machines-more-at-gdc-2015.

②　Boudreau K J, Lakhani K R. Using the crowd as an innovation partner [J]. Harvard Business Review, 2013,91(4):60 - 69.

　　多元统治的主要优势在于其有能力将决策权赋予那些掌握核心信息、拥有深度经验、精通专业知识并且具备清楚目标的个体。然而，在促进同事间的协作或推动企业全局认知上，它存在明显的不足，这正是社会认同所需要解决的关键问题。从社会心理学角度看，社会认同是一种能够催化个体间协作行为的重要社会影响机制。社会认同的精髓在于激发一种社会传染效应，使得信念、倾向和行为模式在一个群体中迅速传播。因此，当一个目标明确的社会认同系统被应用于由才华出众且资源充足的个体构成的多元统治环境中时，它能有效地遏制极端差异化可能引起的混乱。

　　社会认同的主要机制是自我选择。在维尔福公司，员工可以自主选择项目并用脚投票。他们评估项目的机会和前景，收集项目和团队的信息，并自行决定是否加入已有的团队或创建自己的项目。由各个领域专家所做出的综合决策反映了企业对市场未来走向的预测，这种集体智慧就像一个晴雨表或是指南针，引领着企业的战略发展方向。尽管这些信号中可能包含着社会噪音，但维尔福的管理者们坚信，相较于传统的控制和激励手段，自我选择产生的信息更为可靠，成本更低，且能更快地响应市场变化。自我选择将决策权赋予合适的人，但它无法单独解决多元统治中可能出现的问题，因此，他们设计了一种被称为"三人法则"的社会认同方式。根据这个规则，1～2个人无法单独推动项目，但3个人可以使项目获得启动的绿灯。这使项目团队能够借助公司资源和群体智慧来设计和交付关键产品，同时为决策者提供了一个明确且可执行的投资决策"临界点"。"三人法则"提供了一种相对轻松的干预手段，既能激发公司的创新，又能控制多元统治可能引起的混乱。如自我选择和"三人法则"等社会认同工具，作为高效的过滤和启动装置，能够重塑和创造新想法，并在公司做出重大战略决策之前识别市场机会。

结合多元统治与社会认同，企业能有效地将对机会的感知和商业的实践区分开来。发掘和创新思想的过程更适合个体来进行，但在评估和选择想法时，即抓住机会时，更需要依赖社会认同的推动。只有当管理者借助像维尔福这样的案例来拓宽自己公司的新视角，并采用更符合自身实际环境的组织设计，才能真正开始塑造企业的动态能力。

小结

动态能力的视角认为，企业要想在快速变化且不可预见的商业环境中取得成功，就需要拥有高阶能力，使其能够洞察、塑造并适应竞争环境的不断变化。这种理念强调，要在不断变化的行业中取得成功，企业不能只依赖于基础能力，更重要的是要有适应性的流程和结构：这些流程和结构能够帮助公司改变其基础能力，预测市场需求的变化，开发并融合新的技术，从市场事件中吸取经验，预见并抓住新的市场机会。本章对动态能力的概念进行了深入的研究，阐述了它在企业中的核心作用，以及在企业实践中的应用方式。我们详细分析了动态能力如何帮助企业更精细地整合有形和无形资源，激活创新；同时，也探讨了扁平化管理、开放式创新、资源的整合与协调，以及有效的知识管理等主题。进一步地，我们探讨了如何通过不同的组织形式来塑造和增强动态能力。期望本章的内容能够帮助读者更深入地理解动态能力，并将其运用于实践，以灵活而高效的方式应对商业环境的不断变化，从而推动企业的稳定和持续发展。在接下来的案例研究中，我们将看到在大文娱行业中，企业如何利用其动态能力，在不断变化的商业环境中洞察新的发展趋势和机会，并把握住这些机会，打造出创新的沉浸式演出模式。

案例：《不眠之夜》上海版——文化驱动商业，创新颠覆市场[①]

　　近年来，沉浸式表演，一种将观众融入表演环境的艺术类型，在中国娱乐文化市场独领风骚。起初，艺术家们只是在小型工作坊和实验性剧场中探索这种新颖的表演方式。随着时间的推移，中国观众对这种创新的艺术形式的接受度逐渐提高，沉浸式表演开始在中国的主要城市，比如北京、上海和广州等地流行起来。这些表演通常在非传统的场地举行，例如废弃的工厂、破旧的仓库，或者自然的户外环境等。近几年，中国的沉浸式表演登上了新的高峰。许多中国原创的沉浸式表演作品不仅在国内受到热烈欢迎，也在国际艺术舞台上赢得了高度赞扬。同时，一些新兴技术，如虚拟现实（VR）和增强现实（AR），也被融入沉浸式表演中，进一步提升了观众的互动体验。当前，中国的沉浸式表演已经呈现出一种丰富且多元的艺术景象。无论是沉浸式剧场、音乐会、艺术展览，还是交互式体验，都为观众提供了一种无与伦比的艺术体验。在这样一个背景下，政府对文化产业的积极支持也为沉浸式表

---

　　① 改编自中国工商管理国际案例库（www. ChinaCases. Org）案例《"不眠之夜"上海版：文化赋能商业，演艺市场的颠覆者》及相关访谈稿。

演的发展提供了强大的动力。在政策的鼓励下，更多的艺术家和投资者开始关注并转向这个领域，推动了沉浸式表演的创新和发展。

上海文广演艺集团（SMG Live）作为中国沉浸式表演的先驱，成功引进并创新了《不眠之夜》的上海版本。自2016 年首度上演以来，这部作品在市场上取得了巨大的成功。作为首个在亚洲推出的国际级沉浸式剧目，《不眠之夜》的颠覆性创新推动了"沉浸式表演"这一概念在国内文化娱乐市场的普及，吸引了更多的创作团队投身于这个蓬勃发展的产业。集团下属的尚演文化，作为《不眠之夜》上海版的项目运营方，已经成功开发出了一系列引人入胜的沉浸式娱乐内容。这一创新举措不仅进一步推动了沉浸式表演在中国的发展，也为该领域的未来提供了无限的可能性。

公司介绍

2014 年，上海文化广播影视集团（SMEG，俗称"大文广"）和上海东方传媒集团有限公司（SMG，俗称"小文广"）宣布启动整合改革，目标是形成一个覆盖传媒娱乐全产业链的综合性文化集团。SMG Live 是 SMG 旗下的一个重要分支，是专注于演艺文化和现场娱乐业务的核心力量。它在文化和娱乐产业中占据着重要的地位，经营范围广泛，涵盖了从演出制作和推广，到艺术家管理，以及场地运营等多个领域，并逐渐形成了以四个中心为基础的业务架构，包括产业中心、院线管理中心、院团管理中心和票务营销中心。SMG Live 秉持推动中国文化产业发展的使命，致力于打造高质量的现场娱乐体验。通过举办各类国内外知名的音乐会、戏剧、舞蹈和其他艺术演出，SMG Live 为观众提供了一系列丰富多元的文化饕餮盛宴。同时，SMG Live 也是一家领先的创新者，屡次引进和推广新的表演艺术形式，引领着中国的现场娱乐业界潮流。SMG Live 还致力于培养和推广本土艺术家，为他们提供展示才华的舞台，同时也引进国际一流的艺术家和演出，为中国观众带来世界级的艺术享受。通过这些活动，SMG Live 不仅推动了中国的文化产业发展，也为上海乃至整个中国的城市文化生活增添了色彩。

市场需求

在 2013 年之后，中国的文艺演出行业由于受到"中央八项规定""限奢令"等国家政策的影响，开始进入一个重要的调整期。这个阶段，很多演出团体习惯于依赖政府补贴，缺乏市场化运作的意识和专业经营的能力。然而，经过几年的努力，一些创新的艺术团队开始在市场上崭露头角，推出了一些优质的演艺作品。同时，演出公司也开始更加注重原创内容的开发，加强与国际优秀团队的交流，并积极寻求与资本市场的合作。SMG 战略发展和经济管理部的主任吴霄峰表示，当时公司旗下的几个剧院开始进行市场化的探索，并在经营上基本实现了盈亏平衡。同时，市场上还出现了一些如《盗墓笔记》等热门戏剧作品，取得了不错的票房成绩。他说："这些现象给了我们很大的信心，就是文化内容也可以商品化，可以赚钱，可以在不依赖政府补贴的情况下生存。"

到了 2015 年，中国的文化娱乐市场开始经历深刻的变革。随着经济的稳步增长和人民生活水平的提高，消费者对娱乐表演节目的需求也有所变化。他们不再满足于传统的、被动的观演方式，而开始寻求更具互动性、更有参与感的娱乐体验。一方面，由于消费者对文化艺术的鉴赏能力在不断提升，他们期望看到更加多元化、更具创新性的表演形式，以满足他们日益丰富的精神文化需求；另一方面，随着社交媒体和移动设备的广泛应用，消费者的娱乐习惯也发生了转变，他们开始更偏好那些能够让他们自我参与、互动体验的娱乐形式。这种趋势使得中国市场对沉浸式演出的需求逐步上升。沉浸式演出，能打破传统的观演边界，让观众身临其境地参与表演，从而带来前所未有的观演体验。因此，引入沉浸式演出，既可以迎合消费者对于独特的、互动的娱乐方式的需求，同时也为传统的表演艺术形式带来了创新的机遇。

2015年前后，在全国范围内，演出市场环境最好、运营最成熟的就是上海。上海也是全国范围内收入水平最高的城市之一。作为中国的经济和文化中心，上海拥有丰富的文化底蕴和开放的市场环境，这也使其成为引入和推广沉浸式演出的理想之地。从经济角度来看，上海的消费者具有较高的消费水平，2015年，上海城镇居民人均可支配收入达52 962元，位居全国第一，为沉浸式演出的发展提供了强大的市场需求和消费能力。上海也是中国的文化中心，有着丰富的文化底蕴和多元化的文化环境。同时，上海市民对外来文化的接受度高，年轻一代对创新的艺术形式也充满兴趣，这种开放和包容的文化氛围为沉浸式演出的接纳和推广提供了有利条件。上海也是中国的对外开放窗口，国际化程度非常高，政策环境具有开放性和前瞻性。相关政策鼓励文化创新和艺术实验，对于引入新型艺术形式如沉浸式演出提供了政策支持。上海的科技发展水平也遥遥领先，具备先进的表演设施和科技实力，为沉浸式演出的实施提供了必要的技术支持。例如，VR、AR等新型技术的应用，可以丰富沉浸式演出的表现形式，提升观众的体验效果。

扎根上海的 SMG 自然而然将其视为引入沉浸式演出落地中国的首选。正如上海尚演文化投资管理有限公司总经理潘韬所说："上海这个城市对舶来文化的接受度比较高，年轻人对创新形式也很感兴趣。SMG 的业务资源以上海为主，公司也希望为上海的文化建设多做贡献。"

目标选择

作为全国顶尖的演艺公司，SMG 每年都会策划海外考察行程，派出其管理团队去寻找高质量的艺术项目，旅行的地点包括伦敦的西区、纽约的百老汇，以及韩国的大学路等著名的演艺活动中心。在 2012 年，SMG Live 的总裁马晨骋，就花了 10 天时间在纽约百老汇观看了 12 部不同的音乐剧。马晨骋的这次行程有两个目的：一方面，他希望从这些先进的音乐剧制作中学习和吸收经验；另一方面，他也在为 SMG 寻找可以引入或合作的优秀剧目。在此次行程的最后一天，一个朋友向他推荐了一部正在上演的新颖剧目——《不眠之夜》。那天晚上，马晨骋观看了这部剧后深感震撼。他说："接下来的几个晚上，我都做了同样的梦，梦见我一个人在空荡荡的房间里漫步。"马晨骋补充道："那时，我就萌生了将这部剧引入中国的念头。"

《不眠之夜》是一部由英国实验剧团 Punchdrunk 创作

的沉浸式剧场作品，于 2003 年首次在伦敦上演。剧本改编自莎士比亚的经典悲剧《麦克白》（*Macbeth*），并融入了希区柯克的电影元素。在《不眠之夜》中，传统的观剧方式被打破，观众不再被动地坐在座位上观看演出；相反，他们被邀请在一个多层楼的场地中自由游走，寻找演员并跟随他们的动作，从而以一种非线性的方式体验故事。在整个演出过程中，观众被要求戴上白色的面具，保持沉默，以增强沉浸感。这部剧的演出方式以舞蹈动作和肢体表现为主，几乎没有台词，给观众提供了一种更加身临其境的观剧方式。演员们在各自的场景中进行表演，观众可以根据自己的兴趣，选择跟随不同的角色或者在不同的场景之间穿梭。《不眠之夜》在 2009 年又来到美国波士顿。与早期的小型实验相比，等剧目 2011 年在纽约上演时，已是一个成熟度、完整度较高的作品。《不眠之夜》在纽约一经推出就获得了很大的关注，其创新的形式让不少业内人士感到震撼，也陆续获得了多个行业奖项。《不眠之夜》的沉浸式演出形式被广泛赞誉，它的创新形式和视觉冲击给观众带来了独特的艺术体验。这部剧的成功也启发了全球范围内更多的剧团和艺术家开始尝试和探索沉浸式剧场的可能性。

马晨骋对这次在纽约的行程印象十分深刻，但他也在思考这种创新性的内容是否能在中国的市场上得到认同。他说："我们曾经担忧这种前卫的艺术形式可能很难得到广大中国观众的欣赏，甚至曾经考虑过做原创。然而，当时全球并没有其他沉浸式演出的成功实例可以参考，模仿的难度相当大。经过慎重考虑，我们最终决定引入《不眠之夜》。"在那个时候，除了马晨骋，SMG 内部的其他人员都没有完全看过《不眠之夜》。尽管如此，公司的管理层最后还是选择推进这个项目，特别是听说亚洲还没有其他城市尝试过类似的项目时。马晨骋说："公司愿意去探索新的领域，承担一些责任。我们在创作的过程中，一直坚持一个准则，那就是我们必须制作出独特的、吸引主流观众群的顶级作品。从最早亚洲联创的《妈妈咪呀！》，到英国的国宝级舞台剧《战马》，再到《不眠之夜》，我们都坚持这个准则，让每部作品都有其自身的特色。"

项目合作

2015 年 12 月，上海尚演文化投资管理有限公司由 SMG、上海东方明珠房地产有限公司和上海静安投资有限公司共同成立。该公司负责《不眠之夜》上海版的运营，并将剧场区域打造成"尚演文化体验社区"，提供多种休闲娱乐服务。由知名制作人马晨骋负责项目的运营，他曾参与《妈妈咪呀！》和《猫》的中文版制作，但《不眠之夜》的沉浸式戏剧形式带来了更大的挑战。项目需要一栋独立建筑作为场地，租金成本高昂，且为保证观剧的便利性，不能选择偏远地带。最终，团队在北京西路 1013 号找到一栋合适的楼房，其位于上海市中心，交通便利且商业设施成熟。所在的静安区致力于打造文化地标，2009 年创建了"上海现代戏剧谷"，辐射了市区中心的重要剧场，如美琪大戏院和艺海剧院等。多个剧场经过升级改造，希望借助戏剧吸引观众，推动多种文化形态的发展，活跃周边经济。

为了把 Punchdrunk 的剧目《不眠之夜》引进到中国，尚演团队历时 3 年进行版权谈判和内容构思。英国团队最初对中英合作有担忧，包括知识产权保护、文化差异及新形式内容的长期驻演可能性。为了达成合作，双方进行了多次商讨，SMG 团队坚持上海版不是纽约版的复制，而是重新创作，结合中国文化和观众喜好进行本地化设计。马晨骋表示："除了引用原版的经典内容，我们还需要根据中国文化，结合观众的喜好，去做一些内容的调整和修改。如果只是简单地搬运，在中国市场是无法长久存活的。我们需要有更多本地化的设计，才能给观众惊喜。"项目团队联合制作，英方负责创作、设计空间，中方主要在内容本地化、剧场搭建上贡献力量。项目团队还招募了国内艺术家参与创作，邀请英方主创团队来中国以了解和尊重当地文化。例如，纽约版的糖果铺场景在上海版变为中药铺，白桦林变为竹林，还插入了《白蛇传》的故事线。上海版的故事背景是 20 世纪 30 年代的上海，酒店名为"麦金侬"（The McKinnon Hotel），面积近 6 000 平方米，拥有 90 多个房间、3 000 多个抽屉。房间里布置精美，还有各种手写信件、日记。酒店四楼设计成富有中国风格的街道，裁缝铺、台球厅、中药店一字排开。潘韬说："英国团队非常佩服国内公司的工作效率和拼搏精神。"为了还原 20 世纪 30 年代的历史感，团队从纽约运了整整 7 个集装箱的古董家具。

尽管最初饱受争议，但团队用高标准要求自己，希望《不眠之夜》上海版能成为丰富、精致的经典作品。最终，团队在 7 个月内完成了所有场景的装修和布置，赢得了英国团队的赞赏。马晨骋表示："一开始有很多人质疑我们，说这个剧目不可能进中国，演出了也不会有人看。我能理解大家对于一个新鲜事物的质疑。当时在全国范围内，都没有一个驻场类的演艺项目可以长期运营。"但这种唱衰声反而激起了他的斗志，团队也一直用高标准要求自己，甚至有不少英方艺术家表示自己在纽约版中的遗憾在上海得到了弥补。"《不眠之夜》上海版的设计，包括场景、剧情、演员，我们都花了很多心思。我们希望它能比纽约版更丰富、更精致，成为一部可以一直演下去的经典作品。"

出色反响

2016 年，由英国戏剧团队 Punchdrunk 和 SMG Live 联合制作的《不眠之夜》在沪未演先火，不到 100 小时 1 万张预售票售罄。后来由于新冠疫情的影响，演出市场一度陷入低迷，但随着疫情的消解，市场也开始逐渐恢复。据统计，自从 2023 年春节后，《不眠之夜》的上海演出平均每日的售票量比 2022 年整年提高了 130％，并且经常会收到观众提前 1 个月以上的购票咨询，周末和节假日的座位几乎总是售罄。到了 2023 年 4 月，《不眠之夜》在上海的演出达到了 1 600 场的里程碑。自从 2016 年底在亚洲首演以来，到 2023 年 4 月，该项目的总收入已经达到了 4.39 亿元，共接待了超过 49 万名观众，平均上座率高达 93％，持续打破全国驻场演出的票房纪录。

与此同时，演出消费人群结构正发生清晰的变化——年轻旅游客群比例显著增长，外省市观众比例从 2022 年的 30％逐步攀升至 58％。而从地域分布来看，以北京、广东、深圳、武汉和周边长三角城市为主。依托社交网络及新媒体的力量，《不眠之夜》展现日渐增长的文旅属性，成为众多游客来上海的目的之一。正是这种日渐增长的传播性，让越来越多的年轻人将其视为城市必打卡旅游目的地之一，并上升为"喜欢上海的关键理由之一"。

《不眠之夜》的另一个显著特性是其高复购率，平均超过 30%。这部作品设计了多条交叉的故事线，因此，观众无法在一次观演中了解全部故事，这也促使许多人多次观看。剧团还会安排不同的演员扮演不同的角色，为观众带来独特的观剧体验。有些忠实的观众甚至观看了 500～600 场演出。据潘韬所述，剧团曾对这些观众进行过反馈调查。除了对剧本本身的喜爱，这些观众也表示，他们能感受到艺术家在创作过程中投入的心血，发现了许多值得深入研究的细节。惊人的是，在他们观看了 50 次、100 次演出之后，仍然能在剧中发现新的惊喜。

在沉浸式作品不断涌现的今日，《不眠之夜》仍旧保持着高人气，在微博、小红书、抖音等社交平台，不眠之夜、sleep no more 等相关话题，拥有累计超过 1.1 亿次讨论量和阅读量，在豆瓣、大众点评、大麦、猫眼等平台的用户平均评分超过 9.2 分。截至 2023 年 9 月，《不眠之夜》上海版在各类戏剧网站、票务平台都呈现很高的评分，长期位列上海必看演出榜的前三位。2018 年，上海版的《不眠之夜》荣获第 24 届美国娱乐行业协会（TEA Thea Awards）的年度杰出成就奖。评委们赞扬道："《不眠之夜》上海版为中国观众提供的特别改编非常值得赞赏，它为当前的演出设定了一个成功的制作模板，并且在场地选择和运营方面为观众创造了独特的体验。"

商业赋能

马晨骋在纽约看《不眠之夜》时，体验了剧场内的酒吧和餐厅，看到了戏剧与其他行业的潜在关联。"沉浸式演艺项目不仅能带来剧目价值，还为地产、商业带来了文化附加值。若加上其他业态，可以创造更多价值。"马晨骋非常期待《不眠之夜》上海版能带来的文化赋能价值。尚演谷创新性地引入了酒店等业态。团队与亚朵酒店管理集团合作开发了 The Drama 酒店，融入了戏剧元素，也为《不眠之夜》吸引了优质客群。尚演将这种模式总结为"1＋N"，其中"1"指核心演艺产品，"N"指通过发展商品授权和空间授权，突破文化壁垒，扩展与目标人群相关的产业链。

2020 年，《不眠之夜》开启线上演艺的全新旅程——通过"白日梦沙龙"及"抖音戏剧节"直播，与超过 20 万名在线用户见面；在与天猫共同打造的沉浸式带货直播间中，互动数量达到 384 万人，总观看人次超过 100 万，给演出业带来了新"玩法"。

2021 年，《不眠之夜》以沉浸式体验赋能，与广州太古汇联袂打造新作《十号礼铺》；与华伦天奴（Valentino）、古驰（Gucci）等品牌联手呈现浸入式秀场《梦入新生》及沉浸式珠宝展，诠释了"演艺+"与商业、地产、零售之间跨界共生的新思路。

2023 年，《不眠之夜》与时尚品牌华伦天奴宣布携手成为年度合作伙伴。在联合呈现的 2023 春夏特别篇章"THE BOX 盒"中，演员身着最新的秀场服饰，借助沉浸式专业戏剧表演，结合全新舞美创作、故事和编舞设计，助力战略伙伴的一系列最新产品得以生动呈现。

如今，《不眠之夜》再从戏剧破圈，联合西岸文化艺术季以"动态"舞美效果为灵感，呈现了一场颠覆性的"静态"周年特展，邀请新老观众共同见证造梦、窥梦的历程。

在此基础上，SMG Live 团队以"浸入"为关键抓手，开启对于演出业新生态的路径探索——上线 5 年来，先后孵化包括浸入式派对、节日卡巴莱等各类特别活动，进一步细化了受众群体对于城市特色的文化体验。

归纳起来，"沉浸"不是一个单点，而是一个平台，一个可以延展出很多应用的平台。下一步，工作团队希望继续在艺术和体验融合式输出上探索新的通路，比如打造具有时尚前瞻性的特别演出及跨年派对，用跨界方式拓展时装与戏剧的边界……"一切努力，都是为了持续突破观众对于现场演艺的想象"。

未来规划

随着《不眠之夜》上海版的影响力逐渐扩大，尚演团队发现高质量内容可与品牌进行联动营销，从而给目标受众提供独特的消费体验，并增强品牌的差异性与竞争力。借鉴《不眠之夜》的成功，SMG Live 还相继打造了多个爆款，如《秘密影院》（沉浸式观影）、科勒秀（沉浸式购物）、《爱丽丝奇幻冒险》等。SMG Live 总裁、《不眠之夜》上海版制作人马晨骋表示，集团将持续发力沉浸式产业布局，引进全新沉浸式大秀，开启沉浸式特展 More on Sleep No More 全国巡展，打造沉浸式零售业态"over there"用餐体验等。马晨骋表示："'超沉浸制造局'不仅是一个剧节，更是一个产业平台。通过搭建这样一个产业平台，培育沉浸式内容的生态，既为创作者提供了更多作品展示的机会与运营支持，也为观众提供了更多元和丰富的体验。"

案例点评

SMG 的成功案例充分展示了动态能力在企业识别新

机遇、整合资源以及推动创新中的核心角色。沉浸式演出，作为一种创新的表演形式，让观众得以从传统的观看角色转变为表演的一部分，近年来在全球范围内引起了广泛的关注。为了抓住这一全新的消费趋势，SMG 积极行动，决定在沉浸式演出领域进行创新尝试。《不眠之夜》上海版的成功，不仅是一个单一艺术项目的胜利，而且是 SMG 动态能力体现的结果。动态能力的核心在于企业如何适应外部变化，整合和重新配置资源来获取和保持竞争优势。在《不眠之夜》上海版的案例中，我们可以看到几个动态能力的重要实践。

SMG 展现出了出色的感知和捕捉市场趋势的能力。沉浸式表演在中国的兴起并非偶然，它是观众需求多样化和个性化趋势的体现。在当今迅速变化的娱乐行业中，消费者的期望和偏好也在不断演变。观众不再只是满足于被动地观看传统表演，而是越来越渴望参与和体验，希望自己也能成为故事的一部分。沉浸式表演以其独特的参与性和体验性，满足了消费者的这种需求，从而在全球范围内迅速流行。SMG 敏锐地捕捉到了这一点，通过深入的市场调研，他们了解到中国观众对于新型艺术形式的接受度正在逐渐提升，从而认识到沉浸式表演能够带来的巨大市场潜力和社会文化价值。因此，他们迅速采取行动，开始引进国际上的沉浸式剧目。可见，他们不仅是市场趋势的跟随者，而且通过主动探索，成为市场趋势的引领者。通过深入洞察和理解市场，SMG 成功地发现了消费者越来越倾向于寻求独特和丰富的消费体验。这种对市场变化敏锐的洞察力是动态能力的重要组成部分，它使得 SMG 能够在众多的娱乐形式中，准确地识别出沉浸式演出的潜力和机会。

客户往往是首批洞察到新技术潜力、新消费趋势的人群。实际上，实证研究一致发现，创新取得商业成功的可能性与开发者对客户需求理解的深度密切相关[①]。敏锐地察觉机会并及时抓住的企业，往往能将客户的潜在需求转化为新的产品和服务。只有深入理解和跟随消费者的需求，及时捕捉消费者趋势的转变，企业才能在瞬息万变的商业环境中发现新的机遇。

SMG 的这种出色的感知能力，体现了企业对市场趋势的快速捕捉和响应能力。这种能力并非孤立存在，而是企业内部知识管理、内部流程控制和外部资源整合能力共同作用的结果。它要求企业在组织结构、管理机制、企业文化等多方面具备动态适应的能力。通过有效的外部感知

---

① FREEMAN C. The Economics of Industrial Innovation ［M］. Harmondsworth: Penguin, 1974.

能力和内部沟通渠道，SMG 能够迅速汇聚各方面的信息和反馈，形成决策，快速执行，从而在竞争激烈的市场中抢占先机。

SMG 在确认沉浸式表演的市场潜力后，迅速采取行动。他们通过与国际合作伙伴的谈判，成功引进了相对成熟的沉浸式剧目。他们并没有简单地复制国外的演出模式，而是根据中国的文化背景和观众特性进行了巧妙的本土化改编，以确保这种新型艺术形式能与本地观众产生共鸣。这种改编不仅体现在语言的转换上，更多地体现为情感共鸣和文化认同上的深层次结合。他们对剧本进行了修改，使其故事情节更符合中国观众的价值观念和审美习惯，并且在演出的视觉元素和音乐选择上融入了中国元素。这一过程充分体现了 SMG 在把握机会、资源整合方面的动态能力，这不仅是将国际资源与本土文化相结合，还包括在演出场地的选择和利用上的创新思维。他们没有局限于传统剧院，而是选择了将废弃大楼这样的非传统场地进行改造，这种对资源的创新整合，为观众提供了全新的视觉和感官体验，也为沉浸式表演增添了另一层吸引力。在洞察到新的机遇后，SMG 果断地选择将资源投入沉浸式演出。这充分展示了 SMG 在捕捉并把握新机遇方面卓越的动态能力。它不仅深入理解了新的消费趋势，更有能力将这种理解转化为具体的行动。SMG 进一步展现了其在资源整合方面的能力，成功地协调了人力、物力和财力等各种资源，以确保沉浸式演出的顺利实施。在这个过程中，SMG 的动态能力得到了进一步的发挥和应用。

在《不眠之夜》取得前所未有的成功之际，SMG 认识到了动态能力中资源再配置的必要性，这是确保沉浸式剧场艺术持久发展的关键。资源再配置涉及组织架构的重塑和组织文化的培养，旨在打造一个能够迅速响应变化、高效协同工作的组织。在演出管理方面，不仅是优化演出的过程，更是通过重新配置资源来增强应对突发状况的能力，保障演出的每个环节都能够无缝对接。此外，为了吸引观众的持续关注，剧目内容必须不断革新，通过引入新元素、开发新剧本，维持市场的活力，确保艺术的鲜活性和创新性。最终，通过不断的内容创新和迭代，SMG 将能够在激烈的市场竞争中保持领导地位，并持续激发市场的活力，吸引观众的目光。这种资源再配置的动态能力，正是 SMG 在高速变化的环境中实现可持续竞争优势的关键。

总的来说，SMG 在识别新机遇、把握新机遇和整合资源的过程中都展现了出色的动态能力，这使得它能够成功地推出沉浸式演出，创新性地引领了新的娱乐风向标。

此案例充分证明了动态能力在企业抓住新机遇、推动创新中的重要作用。然而，动态能力的作用并不仅限于此。SMG 必须不断地学习和适应，以维持其在娱乐行业的领先地位。他们需要持续地跟踪和解析市场趋势，反馈到他们的产品和服务中，这也是动态能力的一部分。同时，他们需要持续创新，不断改进他们的产品和服务，以满足消费者不断变化的需求，这对于应对多变的环境尤其重要。

第 4 章

吸收能力：
以变应变，适者生存

在当前数字化转型和工业 4.0 的时代，技术正在以前所未有的速度进步。为了跟上这种步伐，企业必须不断学习和适应，才能够有效地融合新技术，提升生产力、效率和创新能力。伴随着全球化进程的加快和知识经济的崛起，外部知识变得越来越丰富和重要，那些能够高效地吸收和利用这些知识的企业将获得显著的竞争优势。在这个充满不确定性的现代商业环境中，市场状况、客户偏好以及竞争态势都在持续变化，这就要求企业有能力迅速地识别和适应这些变化，保持敏锐的洞察力和快速的反应能力。在这样的时代背景下，吸收能力（absorptive capacity）这个概念显得尤为重要。吸收能力由寇恩（Cohen）和利文索尔（Levinthal）在 1990 年提出，指的是组织识别外部信息的价值，吸收并将其商业化的能力①。

越来越多的企业意识到吸收能力的重要性。随着科学技术的突破，外部有用的知识正以指数级别增长。然而，只有当企业能够有效地识别、吸收并应用这些知识时，它们才真正具有价值，这正是吸收能力的核心。另外，随着全球商业联系日益紧密，企业现在能从各种外部知识来源

---

① COHEN, W M, LEVINTHAL D A. Absorptive capacity: a new perspective on learning and innovation [J]. Administrative Science Quarterly, 1990,35(1):128 - 152.

中获取利益，这使得吸收能力成为企业在全球网络中创新的关键要素。

　　毋庸置疑，吸收能力对于企业构建竞争优势具有至关重要的作用，它支撑着企业的适应、学习和创新能力。在技术飞速发展、全球化进程加快以及市场不确定性增加的情况下，这些能力都是极其重要的。因此，企业需要加大对吸收能力的投入，以便有效地应对现代商业环境的复杂性。本章将深入讨论在当今快速变化的商业环境中吸收能力的重要性，以及企业如何建立和强化自己的吸收能力。

吸收能力是什么？

　　在管理学的研究中，学者将吸收能力定义为一种与知识创造和应用密切相关的动态能力。所谓动态能力，根据前面的定义，是指深入组织流程的根基，旨在推动组织的变革和进化的能力[①]。这些能力赋予企业重新整合资源的力量，并使其能够适应快速变化的商业环境，从而获得竞争优势。当我们把吸收能力理解为一种动态能力时，它就

---

　　① ZOTT C. Dynamic capabilities and the emergence of intraindustry differential firm performance: insights from a simulation study [J]. Strategic Management Journal, 2003,24(2):97-125.

能通过管理者的有效行动来进行调整，重新塑造并应用企业的知识资产[①]。在吸收能力的具体定义上，众多管理学研究者各抒己见。科恩（Cohen）和利文索尔（Levinthal）在 1990 年提出的定义被广泛引用，他们认为吸收能力是公司评估、吸收和应用新知识的能力[②]。此外，莫厄里（Mowery）和奥克斯利（Oxley）在 1995 年提出了另一种观点，他们将吸收能力看成一种广泛的技能集合，用于处理和转移知识中的隐性部分，并需要对这种引入的知识进行调整[③]。与此同时，金（Kim）在 1998 年提供了吸收能力的另一种解读，他认为吸收能力是学习和解决问题的能力[④]。学者们普遍认同，吸收能力是一个包含评估、吸收和应用知识能力的多维概念。

在上述研究的基础上，一些学者进一步明确了吸收能

---

① FLOYD S W, LANE P J. Strategizing throughout the organization: Managing role conflict in strategic renewal [J]. Academy of Management Review, 2000,25(1):154 - 177.

② COHEN W M, LEVINTHAL D A. Absorptive capacity: a new perspective on learning and innovation [J]. Administrative Science Quarterly, 1990,35(1):128 - 152.

③ MOWERY D C, OXLEY J E. Inward technology transfer and competitiveness: the role of national innovation systems [J]. Cambridge Journal of Economics, 1995,19(1):67 - 93.

④ KIM L. Crisis construction and organizational learning: capability building in catching-up at Hyundai Motor [J]. Organization Science, 1998,9(4): 506 - 521.

力的定义，认为它是一套组织的规范和流程。通过这些规范和流程，企业可以获取、吸纳、转化和开发知识，进而产生一种动态的组织能力。他们提出，这四种能力代表了吸收能力的四个维度，尽管各有差异，但在解释吸收能力如何影响组织结果方面，它们起着互补的作用。这一定义揭示了构成吸收能力的四个维度本质上是相互联系、相互依赖的，它们共同构筑了一种动态的组织能力①，它影响着公司创造和部署其他组织能力（例如，市场营销、分销和生产等）所需的知识。这些多元化的能力为企业创造了核心竞争力，使其有可能获取竞争优势，进而实现优异的业绩表现②。接下来，我们将逐一讨论构成吸收能力的各个维度③。

获取

获取能力是指企业识别和收集对其业务运营至关重要的外部知识的能力。在知识获取的过程中，企业所付出的努力具有三个关键属性，这些属性可以影响其吸收能力，

---

① ZAHRA S A, GEORGE G. Absorptive capacity: a review, reconceptualization, and extension [J]. Academy of Management Review, 2002, 27(2):185 - 203.

② BARNEY J. Firm resources and sustained competitive advantage [J]. Journal of Management, 1991,17(1):99 - 120.

③ COHEN W M, LEVINTHAL D A. Absorptive capacity: a new perspective on learning and innovation [J]. Administrative Science Quarterly, 1990,35(1):128 - 152.

这三个属性分别是强度、速度和方向。

强度：这是指企业在获取知识的过程中投入的精力和资源的多少。强度越大，获取的知识越可能深入和详细。

速度：这是指企业获取知识的速率。速度越快，企业就越能够及时应对市场和技术的变化。

方向：这是指企业在获取知识的过程中的焦点和优先领域。方向的选择将影响企业获取何种类型的知识，进而影响其业务和创新策略。

企业识别和收集知识的强度和速度可以确定其获取能力的质量。换言之，投入的努力越大，企业建立必需能力的速度就越快。此外，知识积累的方向也能影响企业获取外部知识所采取的路径。

吸纳

吸纳是指公司的规范和流程，使其能够分析、处理、解释和理解从外部来源获取的信息[①]。这种吸纳能力对公司至关重要，因为从外部获取的知识可能含有与公司内部思维方式大相径庭的规则，这可能会延缓公司对知识的理解。同时，外部知识往往也受到具体应用场景的影响，这通常会阻止外部人员理解或复制这种知识。因此，理解这些知

---

① KIM L. The dynamics of Samsung's technological learning in semiconductors [J]. California Management Review, 1997,39(3):86 - 100.

识尤其具有挑战性。然而，理解这些知识对于吸纳过程至关重要，因为这使得公司能够处理和内化外部产生的知识。

转化

转化是指公司在发展和改进的过程中，通过增加或删除知识，或者以不同的方式解释相同的知识，实现将现有知识与新获取的知识相结合的能力。这个过程通过被称为"双联想"（bisociation）的机制改变了知识的性质，这是指当一个情境或思想在"两个自洽但不相容的参考框架"中被识别时发生的现象。"双联想"这一术语源自阿瑟·库斯勒（Arthur Koestler）的著作 *The Act of Creation*①。他用它来描绘在创造新的想法或发明时，将两个之前无关的认知框架联系在一起的行为。从本质上讲，这个转化过程允许组织走出传统的思维方式，从看似不兼容的情境或想法中创造出新的、有价值的东西，从而改变知识的性质。在知识转化的过程中，这一双联想过程使得公司可以创造新的知识或解决方案。因此，如果公司能够识别并整合两个看似不匹配的信息集合，形成全新的框架或模式，这就显示出转化能力的存在。这种能力来自双联想的过程，它塑造了企业家的思维方式并驱动了创业活动。它能够创造

---

① KOESTLER A. The act of creation [M]. London: Hutchinson, 1964.

新的见解，并改变公司对自身及其竞争环境的认知。

开发

开发作为一种核心的组织能力，其基础是企业通过将获取、吸纳和转化的知识融入其运营过程，从而完善、扩展和利用现有能力，或者创造出全新的能力。这主要侧重于企业如何有效地利用知识的过程。企业在没有系统化规则的环境下，也会偶然地利用到新的知识。然而，这些系统化的规则给企业提供了结构性、系统性和程序性的机制，使企业能够长期、持续地利用新的知识。知识开发的过程体现了企业获取新知识，以及如何将这些知识整合到企业运营中的能力。通过系统的开发流程，企业能够持续地创造新的产品、系统、流程、知识，甚至是新的组织形式。

管理学者认为，获取和吸纳能力是"潜在"吸收能力的维度，潜在的吸收能力（potential absorptive capacity，简称 PACAP）赋予企业更有效地获取和吸纳外部知识的能力[1]。这种能力体现了企业评估和获取外部知识的能力，但并不保证企业能够完全利用这些知识[2]。而转化和开发

---

[1] LANE P J, LUBATKIN M. Relative absorptive capacity and interorganizational learning [J]. Strategic Management Journal, 1998, 19(5): 461 - 477.

[2] COHEN W M, LEVINTHAL D A. Absorptive capacity: a new perspective on learning and innovation [J]. Administrative Science Quarterly, 1990, 35(1): 128 - 152.

能力是"实现"吸收能力的维度。实现的吸收能力（realized absorptive capacity，简称 RACAP）是企业对转化和开发能力的具体应用。RACAP 体现了企业如何将已吸收的知识付诸实践。PACAP 和 RACAP，虽然各自具有独立的作用，但它们之间存在着互补的关系。这两种吸收能力都是提高企业绩效的必要条件，但各自并不足以形成充分条件。例如，如果企业未能首先获取知识，那么它也就无法有效地应用这些知识。同理，即便企业具备获取和吸纳知识的能力，它们也可能缺少将这些知识转变为利润的转化和开发能力。因此，仅有高度的 PACAP 并不会直接推动企业绩效的增长。而 RACAP 的价值在于它包含了如何将吸纳的知识转化和开发的过程，以便将其整合到企业的日常运作中，从而真正提升企业的绩效。

吸收能力的影响因素

那么，组织的吸收能力是由哪些因素决定的？通过了解和利用这些因素，组织可以提高吸收和利用新知识的能力，最终在变幻莫测的商业环境中推动创新和竞争优势。

外部知识的来源包括收购，通过许可和合同进行采购，以及组织间关系，包括研发联合体、联盟和合资企业等①。研究表明，企业在经营环境中所接触的知识将塑造其未来能力的发展途径②。接触到的知识的广度和深度同样会影响企业探索外部相关知识的倾向。外部知识来源的性质和多样性会极大地影响企业的吸收能力③。这些来源为企业提供了新思想、创新和技术进步，可以提高企业识别和吸纳新知识的能力。因此，当企业从商业环境中获取并吸纳知识时，这些知识来源的多元性对于塑造其吸收能力起着至关重要的作用。

经验是环境扫描、基准测试、客户交互以及合作联盟的产物。一些经验也来自边干边学④。企业过去的相关经验常常塑造了一个组织的认知结构和规范，这些经验都使

① ZAHRA S A, GEORGE G. Absorptive capacity: a review, reconceptualization, and extension [J]. Academy of Management Review, 2002, 27(2):185 - 203.

② MCGRATH R G, MACMILLAN I C, VENKATARAMAN S. Defining and developing competence: a strategic process paradigm [J]. Strategic Management Journal, 1995,16(4):251 - 275.

③ LANE P J, LUBATKIN M. Relative absorptive capacity and interorganizational learning [J]. Strategic Management Journal, 1998, 19(5): 461 - 477.

④ ZAHRA S A, GEORGE G. Absorptive capacity: a review, reconceptualization, and extension [J]. Academy of Management Review, 2002, 27(2):185 - 203.

得公司能够开发出新的流程①，影响公司未来寻找知识的
方向，进而影响其识别、吸收和应用新知识的能力。换句
话说，过去的经验与新的知识越相关，企业就越有可能识
别和吸收到新知识。比方说，在获取和吸收外部知识（如
通过并购、联盟或合作关系）方面拥有经验的企业，可以
发展出增强吸收能力的规范和能力②，这些经验可以使各
组织掌握有效的程序，以识别有价值的知识、吸收这些知
识并将其用于商业活动。不同类型的经验也会显著影响组
织的吸收能力，包括特定行业经验和跨领域多元化经验，
其中，特定行业经验是指在某一特定行业或技术领域中积
累的经验。拥有丰富的特定行业经验的组织更能熟练地在
其领域内识别和理解新信息，从而增强其吸收能力③。这
些组织能借助对行业趋势、技术和客户需求的深度理解，
来识别并整合与其运营密切相关的外部知识。此外，跨领
域多元化经验也可以提升一个组织的吸收能力，协助其发

---

① NELSON R R. An evolutionary theory of economic change ［M］. Cambridge: Harvard University Press, 1985.

② KIM L. Crisis construction and organizational learning: capability building in catching-up at Hyundai Motor ［J］. Organization Science, 1998,9(4): 506 - 521.

③ LANE P J, KOKA B R, PATHAK S. The reification of absorptive capacity: a critical review and rejuvenation of the construct ［J］. Academy of Management Review, 2006,31(4):833 - 863.

现不同领域信息间的联系。具有多元化经验的组织在面临新信息时，能够借助更广泛的知识库来识别外部知识的价值，这些知识可能会被经验范围狭窄的组织所忽视[①]。可见，过去的经验对于塑造组织的吸收能力非常重要。特定行业经验和跨领域多元化经验都能够增强组织识别、吸收和应用有外部知识的能力。通过洞察和应用这些经验，组织可以有效增强其吸收能力，推动创新。

知识的开发依赖于公司成员之间的知识共享，以进一步增进相互的理解和感悟[②]。然而，企业并非总能成功地推动有效的知识共享或整合。结构性、认知性、行为性和政治性的障碍可能会妨碍知识的共享和整合过程[③]。社会整合机制（social lntegration mechanism），包括组织成员间的社会互动、共享语言及共享愿景，可以有效地推动知识的分享和开发。这种机制也是决定组织吸收能力的重要因素[④]。在组

---

①　TODOROVA G, DURISIN B. Absorptive capacity: valuing a reconceptualization [J]. Academy of Management Review, 2007, 32(3): 774 - 786.

②　GARVIN D. Building a learning organization [J]. Harvard Business Review, 1993, 73(4): 78 - 91.

③　ZAHRA S A, GEORGE G. Absorptive capacity: a review, reconceptualization, and extension [J]. Academy of Management Review, 2002, 27(2): 185 - 203.

④　VAN DEN BOSCH F A J, VOLBERDA H W, DE BOER M. Coevolution of firm absorptive capacity and knowledge environment: organizational forms and combinative capabilities [J]. Organization Science, 1999, 10(5): 551 - 568.

织内部，共享的语言和愿景能够促进有效的沟通和理解。通过共享语言，所有成员都能够拥有一个共同的表达和解释信息的平台，这有助于减少信息的模糊性并提高知识识别的效率①。同样，共同的愿景及使命能使个人对组织目标的理解和外部知识保持一致，从而提高组织识别和吸收外部知识的可能性②。组织成员间的社会互动对于提升组织的吸收能力也有着重大的影响。通过社会互动，组织成员可以交换信息和观点，增进相互间的理解，并共同构建对外部知识的理解③。此外，社会交往能够促进难以通过正式渠道表述和分享的隐性知识的传播④。因此，长期的社交互动能够提高组织对外部知识的识别、吸收和应用的能力。总的来说，社会整合机制在很大程度上塑造了组织的吸收能力。共享的语言和愿景，以及社交互动，都在组

① KOGUT B, ZANDER U. Knowledge of the firm, combinative capabilities, and the replication of technology [J]. Organization Science, 1992, 3 (3):383 - 397.

② VAN DEN BOSCH F A J, VOLBERDA H W, DE BOER M. Coevolution of firm absorptive capacity and knowledge environment: organizational forms and combinative capabilities [J]. Organization Science, 1999, 10(5):551 - 568.

③ NONAKA I. A dynamic theory of organizational knowledge creation [J]. Organization Science, 1994, 5(1):14 - 37.

④ NONAKA I, TAKEUCHI H. The knowledge-creating company: how Japanese companies create the dynamics of innovation [M]. Oxford: Oxford University Press, 1995.

织识别、吸收和应用外部知识的能力上起到了关键作用。通过有效地利用社会整合机制，组织能够显著增强其吸收能力。

如何提高吸收能力？

在这个高速变化的商业环境中，组织的吸收能力已经成为推动创新和维持竞争优势的核心驱动力。然而，如何有效提升这一能力，仍是许多组织面临的挑战。本节将探讨一些能够提升组织吸收能力的策略和实践。

知识管理

知识管理能够推动知识获取流程的形式化。借助内外部数据库和内联网等知识管理工具，外部知识能被系统性地收集并存储。通过这一流程的形式化，组织能够提升识别并利用外部知识的能力，这也是提升吸收能力的首要步骤①。

知识管理还有助于吸纳外部知识。知识管理实践，如思维导图和数据编码等，有助于将隐性知识转化为显性知

① ALAVI M, LEIDNER D E. Knowledge management and knowledge management systems: conceptual foundations and research issues [J]. MIS Quarterly, 2001,25(1):107－136.

识，使组织内的个人更容易理解和应用①。此外，协同软件等知识管理工具也可以促进知识在组织内的传播，从而进一步促进知识的吸收②。知识的转化与开发也可以通过有效的知识管理策略得到提升。通过实践交流社区和经验教训数据库等知识管理手段，可以促进新知识与现有知识的融合，从而推动创新③。同时，知识管理还能提供一种系统的途径来应用这些融合后的知识，确保这些知识能有效提升组织的绩效④。

值得注意的是，虽然知识管理可以提高组织的吸收能力，但这种关系并不是单向的。高吸收能力也能提高知识管理实践的有效性。识别、吸收和应用外部知识的能力也可以帮助组织调整知识管理战略，从而形成一个正向反馈回路，不断增强组织的知识管理能力和吸收能力。

---

①　NONAKA I, TAKEUCHI H. The knowledge-creating company: how Japanese companies create the dynamics of innovation [M]. Oxford: Oxford University Press, 1995.

②　DAVENPORT T H, PRUSAK L. Working knowledge: how organizations manage what they know [M]. Boston: Harvard Business School Press, 1998.

③　WENGER E, MCDERMOTT R, SNYDER W M. Cultivating communities of practice: a guide to managing knowledge [M]. Brighton: Harvard Business Review Press, 2002.

④　GOLD A H, MALHOTRA A, SEGARS A H. Knowledge management: an organizational capabilities perspective [J]. Journal of Management Information Systems, 2001,18(1):185-214.

　　总之，知识管理可以显著增强组织的吸收能力。通过形式化知识的获取过程，促进知识的吸收，推动知识转换和利用，知识管理可以帮助组织更有效地识别、获取、吸收和利用外部知识。因此，知识管理应被视为提升组织吸收能力和驱动组织创新的重要战略工具。

研发投入

　　研发投入在构建公司知识储备中发挥着重要作用，因而被视为决定吸收能力的关键因素[①]。当组织投资于研发时，它们实质上是在投资于可能增强其吸收和利用外部知识能力的知识创造活动。实证研究证明，公司的研发投入与其吸收能力存在正相关性[②]。通过加大研发投入，公司可以激励知识的获取和吸纳过程，从而更好地理解外部知识的价值，并将其有效地融入自身的经营实践中。

　　此外，那些将资源战略性地投向研发的组织，可以对其行业的技术趋势有更深入的理解。这种理解可以帮助他们发现新的机会，适应变化，并在市场中保持竞争

---

　　① ZAHRA S A, GEORGE G. Absorptive capacity: a review, reconceptualization, and extension [J]. Academy of Management Review, 2002, 27(2):185 - 203.

　　② BELDERBOS R, CARREE M, LOKSHIN B. Cooperative R&D and firm performance [J]. Research Policy, 2004,33(10):1477 - 1492.

优势①。可见，研发投入在增强组织吸收能力方面扮演了关键角色，它推动了知识的创新，强化了组织吸收和运用外部知识的能力。因此，组织应将研发投入视为增强其吸收能力和核心竞争力的重要战略工具。

合作与联盟

合作与联盟也是增强组织吸收能力的有效策略。这些关系可以扩大组织的知识库，从而增强其吸收和利用外部知识的能力②。例如，通过与其他公司、大学或研究机构建立合作关系，组织能够接触到更广泛的知识和技能，进一步丰富其现有的知识储备。此外，这种合作关系为学习和吸收新知识提供了机遇。研究表明，合作过程通常涉及知识分享，这有利于激发组织学习，增强组织吸纳新知识的能力③。合作还可以促进组织间学习，这对于增强吸收

① NIETO M, QUEVEDO P. Absorptive capacity, technological opportunity, knowledge spillovers, and innovative effort [J]. Technovation, 2005,25(10):1141-1157.

② LANE P J, KOKA B R, PATHAK S. The reification of absorptive capacity: a critical review and rejuvenation of the construct [J]. Academy of Management Review, 2006,31(4):833-863.

③ TSAI W. Knowledge transfer in intraorganizational networks: effects of network position and absorptive capacity on business unit innovation and performance [J]. Academy of Management Journal, 2001,44(5):996-1004.

能力也至关重要①。组织间学习是指通过分享和传递知识，组织能够从彼此的经验和知识中学习的过程。合作关系可以促进这一过程，从而增强组织对新知识的吸收能力。战略联盟，作为一种特殊形式的合作，已被证明可以显著增强公司的吸收能力②。这种联盟为公司提供了获取合作伙伴资源的途径，包括他们的知识库。这种资源获取方式能大幅提升公司识别、吸收外部知识并将其转化为商业应用的能力。综上所述，好的合作和联盟在提升组织的吸收能力上起到了关键作用。它们不仅拓展了组织的知识储备，推动了组织间的学习交流，同时也给组织提供了接触和利用合作伙伴资源的机会。因此，组织应在设定好保护自身核心竞争力的前提下，积极寻求建立战略联盟和合作关系，以增强其吸收新知识的能力。

学习文化

学习文化是一种能够激发好奇心、驱动探索并不断推

①　LEWIN A Y, MASSINI S, PEETERS C. Microfoundations of internal and external absorptive capacity routines [J]. Organization Science, 2011, 22(1): 81 - 98.

②　DYER J H, SINGH H. The relational view: cooperative strategy and sources of interorganizational competitive advantage [J]. Academy of Management Review, 1998, 23(4): 660 - 679.

进学习的环境①。具备强大学习文化的组织更有能力吸收并应用外部知识，这是因为学习文化有助于培养识别和吸收新知识所必需的技巧和能力②。学习文化还能促进知识的分享和合作，这对于提升吸收能力极其重要。通过知识分享，可以传递和整合多元观点，从而加深和扩展对外部知识的理解③。此外，学习文化常常鼓励实验和冒险的精神，这对于提升吸收能力至关重要。实验让组织有机会探索运用新知识的不同方式，从成功和失败中都能学习④。这个过程有助于提升组织有效地整合和运用新知识的能力。此外，一个对冒险宽容的文化可以激励员工寻求并吸收可能具有颠覆性的知识⑤。学习文化也能够提升员工的参与度和积极性，那些积极参与的员工更有可能去追求新

①　GARVIN D A, EDMONDSON A C, GINO F. Is yours a learning organization? [J] Harvard Business Review, 2008, 86(3):109-116.

②　LANE P J, KOKA B R, PATHAK S. The reification of absorptive capacity: a critical review and rejuvenation of the construct [J]. Academy of Management Review, 2006, 31(4):833-863.

③　WANG S, NOE R A. Knowledge sharing: a review and directions for future research [J]. Human Resource Management Review, 2010, 20(2):115-131.

④　EDMONDSON A C. The competitive imperative of learning [J]. Harvard Business Review, 2008, 86(7-8):60-160.

⑤　MARTÍN-DE CASTRO G. Knowledge management and innovation in knowledge-based and high-tech industrial markets: the role of openness and absorptive capacity [J]. Industrial Marketing Management, 2015, 47:143-146.

知识，分享他们的观察和洞见，并将所学知识应用到他们的工作中，从而加强了组织识别、吸收和应用新知识的能力①。学习文化还可以推动组织的变革和适应能力，这也是提高吸收能力的关键。能够适应外部环境变化的组织更能有效地识别和利用新知识。学习文化能通过推广对保持变化的开放态度、提高灵活性和推动持续学习来培养这种适应能力②。

总的来说，学习文化能通过营造持续学习的环境、促进知识的分享与协作、激励实验与冒险、提高员工的参与度和积极性，以及推动组织变革和适应性，显著增强组织的吸收能力。因此，对于那些期望提升吸收能力的组织来说，应当考虑培养一个充满活力的学习文化。

小结

吸收能力是一种组织获取、吸纳、转化并开发外部知识以实现商业优势的能力。这涉及识别有价值的外部信

---

① BENNETT N, LEMOINE G J. What a difference a word makes: understanding threats to performance in a VUCA world [J]. Business Horizons, 2014,57(3):311-317.

② BERSON Y, NEMANICH L A, WALDMAN, D A, et al. Leadership and organizational learning: a multiple levels perspective [J]. The Leadership Quarterly, 2006,17(6):577-594.

息，将其整合入现有的知识储备，并将这些信息和知识转化为思想和创新。为了增进这种能力，组织需要强化组织内部及跨组织的学习交流，并有条件地积极寻找与外部的联盟和合作。理解并提升组织的吸收能力对于创新和核心竞争力至关重要。在当今瞬息万变的商业环境中，知识和信息已经成为至关重要的资源。只有通过有效地管理和提升吸收能力，组织才能够更好地利用这些资源，从而在不可预测的市场环境中保持领先地位。在接下来的案例研究中，我们将深入研究欧莱雅在中国的运营，探讨吸收能力在企业中的实际运用。欧莱雅在中国市场的成功很大程度上源自其优秀的吸收能力，它利用这种能力理解了中国消费者的需求，吸取了与中国市场相关的知识，并将这些知识转化为产品创新和市场策略。

案例：欧莱雅——扎根本土智慧，推动全球融合①

近几年来，"新品牌"的热度稍有降温，人们的视线再度回归到那些历经风雨、久经沙场的"老品牌"上。在

————————

①　改编自中国工商管理国际案例库（www. ChinaCases. Org）案例《欧莱雅：品牌收购和包装专家》及相关访谈稿。

这个高速变化、不可预测的世界中，我们不得不思考：相比于从无到有的"0"到"1"，那些已经达到"1"，正在努力向"100"迈进，并且成功保持"100"持久活力的品牌，可能会给我们提供更深刻的管理启示和经验教训。欧莱雅，全球最大的化妆品集团，正是这样一个生动的范例。自1909年起，它从一个简单的染发剂制造商蜕变为今天拥有500多个品牌、覆盖各类化妆品领域的全球领导者，欧莱雅的发展历程堪称一部从"1"到"100"的传奇故事。

2022年，欧莱雅创造了382.6亿欧元的销售业绩，同比增长了19.5%，这是公司在过去几十年中的最高增速。在这个瞬息万变的时代，欧莱雅如何稳固其立业之基，持续保持发展的活力呢？答案可能就隐藏在欧莱雅在中国市场的精心耕耘之中。1997年，欧莱雅带着"让每一个中国女性拥有一支口红"的愿景，正式踏入中国市场。借着21世纪中国护肤和彩妆市场快速扩张之风，欧莱雅深入挖掘了中国消费者对"美"的追求，逐步实现了健康稳定的发展，迅速崛起为中国最大的美妆集团，中国也逐渐成为欧莱雅全球仅次于美国的第二大市场。令人瞩目的是，在新冠疫情肆虐横行、严重影响全球经济的背景下，欧莱雅却在中国市场上逆势崛起，销售额连年增长超过20%，展现出强大的市场韧性。那么，作为一个跨国企业，欧莱雅是如何在中国市场上获得如此的成功呢？在这成功背后，欧莱雅又做对了哪些关键的事情呢？

从零到一：白手起家，进军国际

1907 年，年轻的法国化学家欧仁·舒莱尔（Eugène Schueller）发明了一种全新的染发剂配方，这标志着世界上首个无害染发剂的诞生。他将其命名为 Oréale。该产品采用了指甲花或矿物盐，能为用户提供一系列微妙变化的色彩，其明亮精致的染发效果在市场上的同类产品中脱颖而出。1909 年，舒莱尔在一间小公寓中创立了法国无害染发剂公司，即欧莱雅的前身，公司的主要业务是设计、制造和销售染发剂。

在公司创立初期，只有舒莱尔一个人。他白天穿梭于街头巷尾向理发师推介新型染发剂，晚上则全力投入产品研发和生产。为了高效利用资源，他将自己的厨房改造成了实验室，餐厅则被用作产品展示区。随后，欧莱雅获得了 2.5 万法郎的投资。舒莱尔将公司迁移到了一栋更大的四居室房子中，并聘请了一位前俄罗斯宫廷理发师作为销售代表，以开拓理发店渠道。此外，他还在《巴黎杂志》上购买了版面，用以向巴黎的染发市场和供应商宣传。

随着第一次世界大战后女性社会地位的提升，对染发剂的需求也随之增加。Oréale 染发剂凭借这股潮流取得了巨大成功，其影响力不仅限于法国，而且扩展到了意大利（1910 年）、奥地利（1911 年）、荷兰（1913 年）、英国，甚至远至美国、加拿大和巴西。到了 20 世纪 50 年代，由于像布丽吉特·巴尔多（Brigitte Bardot）和玛丽莲·梦露（Marilyn Monroe）这样的顶级明星的金发碧眼形象，对染发剂产品的需求持续旺盛，这支持了欧莱雅的进一步扩张。到 1950 年，欧莱雅的研发团队已从成立时的 1 人发展到了 100 人。

1957 年，舒莱尔离世，他将遗产留给了女儿利利亚娜·贝当古（Liliane Bettencourt），而公司的管理权则交给了他的助手弗朗索瓦·达勒（François Dalle）。那时，欧莱雅已经发展成为欧洲最大的化妆品公司。"多普"和"太阳琥珀"等品牌在法国家喻户晓，并销售到意大利、奥地利等周边欧洲国家，尽管出口额只占总销售额的 3%。1963 年，欧莱雅在巴黎证券交易所上市。1974 年，为了避免被法国政府国有化，欧莱雅与瑞士雀巢公司达成了股权合作协议，雀巢成为欧莱雅的第二大股东，从而使欧莱雅成功转型为一家国际企业。

战略巧匠：兼并收购，包装专家

在达勒的领导下，欧莱雅开启了积极的收购战略，并一度将"savoir saisir ce qui commence（抓住新机会）"

作为信条。自公司成立之初，欧莱雅就通过一系列精心策划的收购和兼并行动，逐渐扩大了其化妆品系列，增强了品牌的影响力，以此来满足全球消费者日益增长的多元化需求。欧莱雅的收购行动并不仅仅是简单的品牌叠加，而是非常注重品牌之间的协同效应，确保每一个品牌都能在欧莱雅的大家庭中找到自己的位置，并充分发挥其价值。尽管欧莱雅集团的许多品牌都是通过并购得来的，但这并未对这些品牌在全球市场上的知名度和影响力造成负面影响，这要归功于欧莱雅对这些品牌的"后期"精心培育。欧莱雅在全球范围内寻找有潜力的本土品牌进行收购，然后通过提供国际化的包装设计和研发支持，将这些品牌提升为全球品牌或某个地区的领先品牌。在进行收购的过程中，欧莱雅十分注重保护品牌的核心价值和独特特点。同时，它还借助其全球销售网络以及在市场上的丰富经验，帮助这些品牌实现全球化布局，从而提升品牌的影响力。

1964 年，欧莱雅收购了"兰蔻"（Lancome），这标志着公司正式进入了高端美妆领域。紧接着，1965 年，欧莱雅又收购了"卡尼尔"（Garnier），开始涉足大众护肤品市场。在 1970 年，欧莱雅收购了"欧碧泉"（Biotherm），进一步拓展了其在中端男士护肤品市场的影响力。到了 1980

年，欧莱雅通过收购"薇姿"（Vinchy），布局进入了功能性护肤市场。1986 年，欧莱雅获得了"拉夫·劳伦"（Ralph Lauren）的销售许可，进而开拓了高端男士香水领域。这些收购行动，不仅帮助欧莱雅逐步完成了从大众到高端，从美发到护肤、彩妆、香水等各个领域的布局，也使得欧莱雅能够进入新的市场，建立起覆盖全球的销售网络，为其旗下各类品牌进一步深入全球市场提供了方便快捷的销售渠道和分销网络。

1988 年，欧莱雅第四任总裁林赛·欧文-琼斯（Lindsay Owen-Jones）上任后，欧莱雅的全球化扩张再次加速。欧文中表示："收购就像一个拼图游戏，我们希望通过收购产生一种协同效应。"1989 年，欧莱雅收购了美国顶级护肤品牌"赫莲娜"（Helena Rubinstein），1996 年，欧莱雅收购了美国大众化妆品品牌"美宝莲"（Maybelline）和天然护肤品牌科颜氏（Kiehl's），这使得美国成为欧莱雅全球布局中仅次于欧洲的第二大中心。

在被收购之前，美宝莲的海外收入仅占总收入的 7% 左右。然而，欧莱雅收购美宝莲后，不仅保持了其大众市场定位，还利用自己的全球网络帮助美宝莲进入全球各地的市场。这使得美宝莲从一个美国本土品牌成功转型为全球知名的化妆品牌。在收购后，欧莱雅将美宝莲的总部从曼菲斯迁至纽约，并在品牌名称中增加了"纽约"二字。同时，欧莱雅决定放弃美宝莲的护肤业务，将其聚焦在彩妆产品上，这与欧莱雅的护肤和染发领域形成了良好的互补。此外，欧莱雅还将一些过去被认为颜色过于激进的指甲油和唇膏产品推向市场，以塑造一个时尚、前卫的品牌形象。通过广告语"美来自内心，美来自美宝莲"来传达品牌文化。在此后的 3 年中，纽约美宝莲进入了 70 个国家，其销售额翻了一番，海外市场的销售额比例超过50%，这使得纽约美宝莲从一个区域品牌成功转型为全球时尚品牌。欧莱雅接手美国天然护肤品牌科颜氏的并购案例也堪称成功的典范。这一并购使欧莱雅在自然和有机美容产品市场中的地位得到了极大的提升。科颜氏的产品线和欧莱雅的其他品牌有很好的互补性，这使得欧莱雅能够为消费者提供更为广泛的产品选择。

进入 21 世纪后，欧莱雅的收购步伐并没有放缓，而是将其投资的目光转向了新兴市场。2000 年，欧莱雅收购了非洲护发品牌"Carson"，开启了在非洲市场的布局。2002 年，欧莱雅收购了日本美妆品牌"植村秀"（Shu Uemura），成功打开了亚洲市场。植村秀是一个富有创新性和独特风格的品牌，以其精细的产品和艺术感的包装而闻名。欧莱雅在收购植村秀后，保留了其原有的产品和品牌形象，包括其以艺术为灵感的产品设计和精致的包装。欧莱雅认识到，植村秀的独特性是其吸引消费者的关键要素，因此，在保留这些元素的同时，还进一步加强了植村秀的品牌故事和文化传播。欧莱雅也充分利用其全球化的分销网络和市场推广资源，帮助植村秀进入了全球各地市场。这不仅使植村秀的产品能够被更多的消费者了解和接触，也使得植村秀能够更好地理解不同地区的消费者需求和市场趋势，从而进行更有效的产品研发和市场策略制定。同一时刻，欧莱雅锁定了新兴市场的庞大潜力，将目光转向了人口众多且消费剧增的中国市场[①]。在 21 世纪初，欧莱雅正式揭开了华夏之旅的序章。

中国探索：海纳百川，因地制宜

面临激烈的市场竞争，欧莱雅并未急躁地进入中国市场，而是采取了一种深思熟虑的策略。欧莱雅通过深度洞察中国消费者的需求，积极地开发适合中国市场的产品，同时，策略性地逐步推出其旗下各个品牌。欧莱雅集团在 1997 年正式进军中国市场，相较于宝洁等在 20 世纪 80 年代就已经布局中国的日化集团，其步伐显得稍晚。然而，值得注意的是，在正式进入中国之前的 10 年，欧莱雅已

---

① 本案例中的中国市场不包括港澳台地区。

在上海和苏州设立了产品研究部和美容护肤研究所，专注于研究中国消费者的肤质和发质。1997 年，欧莱雅在苏州建立了中国首个生产基地，并引进了巴黎欧莱雅、兰蔻、纽约美宝莲等知名品牌。在随后的几年中，欧莱雅的其他品牌也陆续进入中国市场，包括 1998 年的薇姿，1999 年的卡诗，2000 年的赫莲娜，2001 年的碧欧泉，以及 2003 年的卡尼尔。这些品牌的引入，使欧莱雅在中国市场实现了从大众到高端品牌的全面布局，形成了一种类似于"金字塔"的品牌架构。

在这个"金字塔"架构中，赫莲娜、兰蔻和碧欧泉等高端品牌位居塔尖，针对的是中国的高端消费市场；卡诗和薇姿等品牌位于塔中，定位更为亲民；而纽约美宝莲和卡尼尔等品牌则位于塔基，主要面向大众消费市场。根据各个品牌的定位，它们选择了在高档商场、美发沙龙、专业美发店、药店和普通百货商店等不同的销售渠道进行销售。

在中国的中高端化妆品市场，欧莱雅表现出色。兰蔻已经成为高端护肤市场的领导者，巴黎欧莱雅在高级染发市场占据重要位置，纽约美宝莲在彩妆市场表现出色，薇姿在活性健康美妆市场也取得了一定的成功。然而，在市场份额较大的大众护肤市场，宝洁的玉兰油以及国内的大宝、小护士等品牌仍然牢牢占据主导地位。欧莱雅引入的大众护肤品牌卡尼尔，由于知名度较低，其业绩一度低迷。

欧莱雅集团在踏入中国市场之时，就开始实施本土化战略。考虑到在当时中国是一个消费能力相对较低的市场，要想取得更大的成功，"金字塔"的底层市场是欧莱雅必须争取的。因此，从2003年开始，欧莱雅就采取了具有战略性的价格策略，本土供应链的利用保证了美宝莲在中国的较低生产成本，降低的成本也进一步体现在产品价格上，其中，美宝莲品牌的产品价格降低了10%～30%。这个策略使纽约美宝莲实现了5.8亿元人民币的销售业绩，推动了欧莱雅中国区的销售额在那一年增长了69.3%，这也进一步坚定了欧莱雅对中国大众化妆品市场的信心。同时，欧莱雅在营销方面也不遗余力。1997年，巩俐被邀请成为巴黎欧莱雅的代言人，至今已经合作了20多年。巴黎欧莱雅的广告语"你值得拥有"，也通过电视和线下广告，走进了大量中国家庭。

欧莱雅的本土化策略很快产生了显著的效果。根据欧莱雅集团的年度报告，2003年，巴黎欧莱雅、兰蔻和薇姿在中国市场的销售额分别同比增长了65%、72.5%和57%，增长率均位于所有主要市场之首。美宝莲2003年在中国的口红销量更是翻了一番。欧莱雅在公告中自豪地表示："我们离'让每一名中国女性拥有一支唇膏'的目标更近了一步。"据当时的报道，欧莱雅（中国）的前总裁盖·保罗（Paolo Gasparrini）①公开宣布，2003 年欧莱雅集团在中国的销售额达到了 15 亿元人民币，并首次实现盈利。

欧莱雅集团在取得业绩增长的同时，没有放松对本土化战略的追求。欧莱雅不仅快速引进新品牌，也在中国市场上寻找收购目标，进一步完成集团在中国的本土化。集团很快将目标锁定为中国知名的本土护肤品牌小护士。尽管欧莱雅已经通过美宝莲和卡尼尔这两个品牌成功进入了中国大众化妆品市场，但在当时的市场环境下，这两个品牌在价格和渠道上仍有"下沉"的空间。欧莱雅（中国）前总裁保罗·加斯帕里尼曾表示，中国中小城市消费者的购买力正逐渐增长，他们更向往拥有高品质的国际品牌。因此，欧莱雅集团有必要进一步挖掘乡镇市场，扩大其销售网络。在此背景下，凭借亲民的价格、广泛的消费群体和遍布全国的销售网点，小护士品牌成为欧莱雅提升在中国本土实力的理想选择。

数据显示，2003 年，小护士的市场占有率接近 5%，排名仅次于玉兰油和大宝，全国共有 2.8 万个销售网点。此外，小护士的销售额约为 4 000 万欧元。经过 4 年的艰

---

① 按照标准译法应为保罗·加斯帕里尼。因为媒体宣传中均使用盖·保罗的译名，这里也使用这一译名。

苦谈判，欧莱雅在 2003 年 12 月成功收购了小护士，并接手了其位于湖北的生产基地、管理团队以及所有的销售渠道。小护士的创始人李志达在承诺 3 年内不再从事化妆品行业后，退出了公司。盖·保罗表示，收购小护士将帮助欧莱雅更快地进入中国大众护肤品市场。业内人士认为，欧莱雅的主要销售渠道原本是百货商店和超市专柜，收购小护士后，欧莱雅有望弥补其大众销售渠道的短板。有媒体指出，随着在中国销量的快速增长，欧莱雅在苏州的尚美工厂产能需要扩大，因此，小护士的生产基地对于欧莱雅而言也非常重要。

2004 年 1 月，欧莱雅收购了中国本土中高端品牌羽西。自 1992 年成立以来，羽西专为亚洲女性设计护肤和彩妆产品，在国内市场享有广泛的知名度。据报道，2003 年欧莱雅在中国化妆品市场的占有率排名第三，大约为 6％，而在完成对羽西的收购后，欧莱雅跃升至第二位。得益于收购了小护士和羽西，欧莱雅 2004 年在中国的销售额增长了近一倍，亚太区总销售额同比增长了 17％。此次收购使欧莱雅掌握了羽西品牌，以及羽西在中国 250 个城市的 800 个柜台销售渠道，同时也接手了年产量 6 000 万件的浦东生产基地以及除创始人靳羽西之外的所有团队。2003 年羽西的销售额已达 3 800 万欧元，销售网络覆盖约 800 个网点。分析指出，收购羽西有助于欧莱雅更好地满足中国消费者对亚洲肤质适用产品的需求。收购完成后，欧莱雅将羽西纳入大众化妆品部门，将其消费群体的年龄扩大到 18 至 35 岁，以打造年轻、时尚、国际化的品牌形象。此外，欧莱雅还在上海设立了羽西研发中心。这是继巴黎、纽约和东京之后的第四个全球研发中心，主要研发中国的原料和配方。到了 2006 年，欧莱雅对羽西进行了品牌重新定位，将其升级为高档化妆品，加入中草药等成分，并融入欧莱雅的新技术，推出了明星产品"灵芝生机水"，品牌形象也转向高端奢华。

在 2000—2007 年，欧莱雅在中国的业务深耕而细作，在上海设立了总部，建立了 1 个专注于研发和创新的中心，2 家生产厂，以及 4 个业务部，累计在中国市场推出了 15 个品牌的产品。这种深入耕耘的策略，使欧莱雅在中国市场的地位逐渐得到了固化和提升。欧莱雅集团在中国的显著成绩是创新策略和深度思考的成果，引入全球领先的品牌来满足不同细分市场的多样化需求，同时实施本土化战略，从定价、营销到产品设计等各方面，着力为中国消费者提供个性化的解决方案。欧莱雅深度洞察消费者需求，持续推进产品创新和市场策略的改良。通过收购中国本土知名企业如羽西，欧莱雅在中国市场的地位得到进一步巩固，产品线得以拓展，品牌知名度得到了显著提升。这些综合策略使欧莱雅在中国实现了连续的销售增长，进一步确立了其在中国美妆市场的主导地位。

全球融合：本土智慧，反向创新[①]

在2010年，当中国崛起为世界第二大经济体时，美妆护肤市场也呈现出强大的增长势头。与此同时，欧莱雅中国的销售额也实现了显著增长，在同年成为欧莱雅全球的第三大市场。在接下来的10年中，中国美妆业在国际舞台上的影响力不断提升，从一个行业的追随者逐步转变为创新者和领导者。到2011年，中国已经成为全球化妆品消费的第二大国。在这一过程中，欧莱雅不断调整其市场策略，逐渐占据了中国美妆护肤市场的核心地位。如今，中国已经成为欧莱雅集团全球的第二大市场，而且还是其在北亚的总部所在地。可见，中国已经成为欧莱雅集团的战略核心市场，预计在不久的将来，中国将成为欧莱雅在全球的最大市场。

欧莱雅在中国设立了其全球六大研发中心之一和三大美容技术中心之一，这些中心致力于研究和开发能满足中

---

① 反向创新（reverse innovation）是一种创新策略，它指的是在新兴市场开发和测试产品或服务，然后再引入发达市场。这种策略与传统的创新模式相反，传统模式通常是在发达市场开发产品，然后向新兴市场推广。

国消费者需求的产品。欧莱雅的研发团队深入了解中国消费者的具体需求和期望，然后结合法国实验室的研发优势，开发出一系列成功的产品。这个过程体现了欧莱雅对中国本土智慧的尊重和利用，也是欧莱雅实现全球融合的重要步骤。例如，欧莱雅发现中国消费者对美妆产品有独特的需求和偏好，比如，保湿和美白效果的需求等。欧莱雅的研发团队基于这些需求，开发出了一系列适合中国市场的产品，这些产品在中国市场大受欢迎。

更为重要的是，欧莱雅实现了反向创新。这些在中国研发并成功销售的产品，也被引入全球其他市场。例如，欧莱雅的一些护肤产品，如欧莱雅雪颜淡斑精华液，不仅在中国市场销售成功，而且在全球其他市场取得了不俗的销售业绩。欧莱雅北亚区以及中国研发和创新中心的副总裁马斯明认为，欧莱雅能在全球研发中成功融入中国本土智慧，并实现真正的合作共创，这是其成功的关键。简单来说，欧莱雅一方面从中国消费者的需求和期望入手，另一方面利用法国实验室的研发优势，不断推出成功的产品，为中国以及全球消费者提供了更多高质量、创新的美妆产品和体验。

开启新篇：突破边界，寻找未来

近年来，欧莱雅的收购策略更加注重于市场细分领域和新兴趋势。2012年，欧莱雅收购了美国前卫型化妆品品牌衰败城市（Urban Decay），进一步扩充了其在高端彩妆市场上的产品线，并且让公司能够更好地满足年轻消费者的需求。衰败城市的创新和大胆的产品设计，以及对于素颜主义的倡导，很好地补充了欧莱雅的品牌形象。

欧莱雅集团在2013年再次采取行动，以65.38亿港元的价格收购了中国本土品牌美即面膜，这是当时中国日化市场最大的一笔收购交易，也是欧莱雅在亚洲市场的一次重要投资。美即自2003年成立以来，发展迅速。到2007年，它已经成为屈臣氏面膜销量的冠军品牌。在2009年，美即凭借15％的市场份额成为中国面膜市场的领导者，品牌知名度高，对年轻消费者具有强大的影响力。2010年，美即在中国香港上市，成为面膜行业的第一家上市公司。到2012年，其销售额达到1.5亿欧元，市场份额增至26.4％。在完成收购后，欧莱雅提出了"面膜哲学"，设立了面膜专门研究中心，并持续推出新产品。

此外，欧莱雅还收购了美国化妆品品牌"依科美"（IT Cosmetics），以及法国香水品牌"欧珑香水"（Atelier Cologne），进一步强化了其在高端化妆品和香水领域的市场地位。在数字化和个性化趋势的推动下，欧莱雅还进行了一些创新型的收购。2018年，欧莱雅收购了加拿大的美妆 App 公司 Modiface，进一步推动了其在数字化化妆品领域的发展。

　　欧莱雅，作为全球最大的化妆品和美容公司，其并购策略在大多数情况下都取得了显著的成功。然而，也有一些例子显示，即使是欧莱雅，也无法确保每次并购都能带来预期的成果。例如，植村秀虽然在亚洲市场上备受喜爱，但在北美市场的业绩却并未如预期般理想。因此，到2017 年，欧莱雅宣布在美国停止销售植村秀的产品。虽然这个决定并未影响该品牌在其他国家和地区的销售，但无疑，这意味着欧莱雅进行了重大的战略调整。另一个收购的例子是英国天然护肤品牌美体小铺（The Body Shop），欧莱雅本希望借助这次收购，进一步扩大其在天然和有机产品领域的影响力。美体小铺，作为自然护肤领域的领导品牌，以其专卖店的经营模式广受赞誉。其业务网络覆盖全球 55 个国家，包括专柜在内，销售网点达到了近 3 000 家。然而，在被欧莱雅收购后，尽管美体小铺一直保持独立运营，但其业绩却总是未能达标。在欧莱雅的领导下，美体小铺并未实现预期的增长，反而在一些市场上遭受了激烈的竞争压力。最终，欧莱雅在 2017 年决定将美体小铺出售给巴西的化妆品公司 Natura Cosmeticos。

　　欧莱雅的并购策略始终以增长为核心目标，通过收购不同类型的公司，欧莱雅成功地扩大了市场覆盖，增强了创新和技术能力，提升了品牌影响力，加强了可持续发展能力，并有效地管理了投资风险。正如欧莱雅第五任总裁让·保罗·安巩（Jean-Paul Agon）强调，欧莱雅模式是收购并成长（buy and grow）的螺旋上升，而非收购式成长（buy or grow）的分割形态。

欧莱雅一路走来，不断地扩充自身的品牌阵营。从美国的科颜氏到中国的羽西，欧莱雅的步伐从未停歇。每一次收购，每一次进军新市场，都是在全球美妆领域插上一面欧莱雅的旗帜。欧莱雅如同一位精明的棋手，洞悉着每一步的战略布局，每一步棋都精确地踏准了市场的脉搏，也为欧莱雅的全球版图增添了新的一笔。但是，收购战略的真正考验，并非在于短暂的辉煌，而在于长久的持续。欧莱雅是否能将全球的元素融合到其品牌 DNA 中，将这些新的市场变成持续的利润源，这将是对欧莱雅策略的最大考验。就像一场棋局的胜利，并非在于你走的每一步棋有多精彩，而在于你能否将局面掌控到最后。在这个全球化和创新并行的时代，欧莱雅的收购战略是否能长远，也许答案还在棋盘上，等待着我们用时间来揭晓。欧莱雅的长远视角和战略智慧将决定其在全球美妆业的未来地位。能否在全球化的大潮中找准自己的位置，对产品和策略进行创新，实现真正的全球化，这将是对欧莱雅的最大挑战。而最终的结果，只有时间能给出答案。

案例点评

自 1997 年进入中国以来，欧莱雅不仅致力于将其国际化的品牌和产品引入中国，更重要的是，它展现了强大的吸收能力：通过学习和了解中国市场的特有需求，欧莱雅能够调整其产品线，推出符合中国消费者口味的产品，充分体现了其吸收外部知识、识别并加以应用的优秀能力。通过与中国消费者的深入接触和市场研究，欧莱雅成功地将外部的市场知识转化为公司的内部知识，为其产品创新和战略调整提供了重要依据。全球领先的化妆品集团欧莱雅在中国市场的成功，凸显了其对本土化战略的深度理解，对消费者需求的敏锐洞察，以及其卓越的吸收能力。在适应中国市场的过程中，欧莱雅成功展现了全球化与本土化战略的完美融合。

欧莱雅在中国的成功，首先归功于其对知识精准的识别能力，也就是对消费者需求的深度理解。它不是将西方的美妆理念和产品简单地搬到中国，而是通过深入的市场研究，识别了中国消费者对美的追求和独特需求。这种能力使得欧莱雅能够识别、吸收并融合中国消费者的美学偏好，推出更适合中国市场的产品。欧莱雅通过对用户数据的分析和精准的市场研究，不断创新，研发出新的产品和服务以满足消费者的独特需求。这些新产品和服务不仅赢得了中国消费者的青睐，也进一步提升了欧莱雅在中国市场的竞争优势。

吸收能力的另一个关键组成部分是知识的转化和利用。对外部知识的吸收只是第一步，更重要的是如何将这些知识转化为企业的内部知识并用于实际操作，欧莱雅在中国市场的高速发展也展现了这一能力。欧莱雅通过吸收本地知识，不断调整和扩展其产品线，以满足中国消费者对于个性化和本土化的需求。例如，欧莱雅结合中国消费者对于皮肤护理的特有需求，开发了适合亚洲肤质的产品，包括针对污染问题的防护系列，针对亚洲人皮肤的美白系列等。这些产品的开发和推广，都是对本土市场知识的深刻理解和有效利用。

在市场营销策略方面，欧莱雅也显示了其对知识转化和利用的高度重视。通过不断地评估和整合中国市场的反馈信息，欧莱雅不断调整品牌传播策略。在中国这个注重社交媒体和网络影响的市场，欧莱雅积极与知名博主和关键意见领袖（KOL）合作，有效利用这些营销渠道来提升品牌的影响力和市场的接受度。与此同时，欧莱雅也认识到，与本土企业合作不仅可以加速其在华业务的扩展，更重要的是可以通过这种合作深度挖掘和吸收本土的营销智慧和消费洞察。例如，欧莱雅与中国本土的电商平台紧密合作，学习并运用了本土电商的营销技巧和促销策略，从而在"双 11""618"等大型购物节期间取得了令人瞩目的销售成绩。通过这种方式，欧莱雅不仅提升了其产品的市场适应性，而且也增强了品牌与中国消费者之间的联系。

　　欧莱雅在中国市场的成功也体现了跨文化管理的重要性。作为一家跨国企业，欧莱雅展现了高度的文化敏感性和适应性，这是吸收能力不可或缺的一部分。通过重视本土文化和消费习惯，欧莱雅巩固了其全球品牌与本土市场的紧密联系。组织学习在这一过程中也起到了至关重要的作用，欧莱雅通过持续的学习和适应，不断提高吸收外部知识和内部创新能力的效率。而在全球舞台上，欧莱雅也成功地将在中国的创新成果推向世界。例如，欧莱雅在中国市场研发并取得巨大成功的产品——欧莱雅雪颜淡斑精华液，不仅在中国市场销售业绩亮眼，在全球其他市场也取得了显著的成绩。这充分体现了欧莱雅全球融合策略的成功，也展示了其对全球市场的理解和对吸收能力的应用。

　　欧莱雅在中国的成功向我们展示了一个跨国企业如何通过深入理解和适应本土市场，充分挖掘和利用消费者洞察，进行创新产品和服务的研发，并将这些创新成果成功推广到全球的实践过程。这一过程生动地展现了欧莱雅的吸收能力和全球视野，为其他全球化运营的企业树立了实现本土化和全球化平衡的成功典范。与此同时，欧莱雅在中国的发展显示出其长期视角和对持续发展的承诺。吸收能力并不是一蹴而就形成的，而是一种需要长期培养和维护的能力。通过不断投资于研发和市场调研，欧莱雅在中国市场的持续增长和创新能力证明了长期视角在培养吸收能力中的重要性。

第 5 章

数据驱动：
破解未知商业环境

在 21 世纪的商业环境中，唯一不变的就是变化本身。科技的进步，特别是人工智能、大数据和区块链等领域的突破，正在逐步改变我们的生活节奏和工作方式。消费者的行为也在发生着翻天覆地的变化，他们的购买习惯、消费观念、品牌偏好等都在不断变化。另外，市场动态也在经历剧烈的变动。行业之间的界限开始变得模糊，新的竞争者如雨后春笋般出现，传统的市场规则被颠覆，新的业态和商业模式不断涌现。所有这些都在推动着商业环境的快速变化，给企业带来了前所未有的机会和挑战。

在这样的环境下，企业必须采用全新的决策方式来适应和驾驭这些变化。传统基于经验和直觉的决策方式已经无法满足现代商业环境的需求，因为这种决策方式往往依赖于过去的经验，而在高速变化的环境中，过去的经验可能已经不再适用。同时，直觉也往往受到个人偏见的影响，可能让人无法做出最佳决策。因此，基于数据的决策方式正在成为新的标准。通过收集、分析和解释数据，企业能够更准确地理解市场动态，更深入地洞察消费者需求，更有效地发现自身的优势和弱点，从而更好地应对不断变化的市场环境。

数据驱动决策（data-driven decision-making）是一种基于数据分析和解释的决策方式，它可以提供有力的、可靠的、可执行的见解，帮助企业在这种充满不确定性的环境中做出最佳决策。数据驱动的决策在高速变化和不可预测的商业环境中，已经成为企业生存和发展的关键。只有把握住数据的力量，企业才能在这种环境中找到前进的方向，从而在变化中抓住机遇，避免风险。

数据驱动决策：商业世界的新现象

长期以来，数据的收集和分析在公司和组织中都发挥着重要的作用。大数据、小数据、内部数据、外部数据、实验数据、观察数据——我们所见之处，信息都在被采集、量化、分析。在现代社会，由于人类每天产生的数据量已经超过了 2.5 万亿字节，这使得企业有能力以全新的方式收集、分析和解读这些数据，并将其转化为切实可行的洞察。虽然在过去的数百年间，数据驱动决策已经以不同的形式出现在商业领域，但我们必须承认，它是一个真正的现代现象[①]。

数据驱动决策是指利用数据为决策过程提供信息，并在执行之前验证行动方案的过程。在企业运营中，数据的

---

① STOBIERSKI T. The advantages of data-driven decision-making［EB/OL］. (2019 – 08 – 26)［2023 – 09 – 15］. https://online. hbs. edu/blog/post/data-driven-decision-making.

使用已经渗透到产品开发、广告营销、人才招聘等众多领域，帮助企业做出更为明智的决策。这种数据驱动的决策模式可以采取多种方式：企业可能会进行问卷调查收集反馈，了解消费者对产品、服务和功能的喜爱程度；也可能会进行用户体验测试，观察消费者使用其产品或服务的感受，从而发现产品在全面上市之前需要解决的问题；又或者在试验市场上推出新产品或服务，探索产品在市场中的实际表现情况。

数据驱动决策在商业领域的应用已经十分普遍，并且已经变成现代企业经营和发展的核心战略。例如，阿里巴巴从成立之初便将数据驱动决策作为其核心竞争力。阿里巴巴的推荐系统可以根据用户的购物历史、搜索行为和点击行为等数据，为用户提供个性化的商品推荐。这种方式不仅极大地提升了用户的购物体验，也有效提高了销售效率。再比如，腾讯的广告系统通过分析用户的搜索历史、浏览历史、社交行为等数据，为用户投放个性化的广告。这种精准投放的方式极大地提高了广告的点击率和转化率，为腾讯带来了更高的广告收入。这两个例子充分展示了企业如何通过数据驱动决策，更好地理解和满足用户需求，提升用户体验，同时提高业务效率和业绩，从而带来更大的商业价值。

数字驱动决策：新现象还是必需品？

数据驱动决策不仅具有理论上的重要性，而且越来越多的事实证明，这种做法在商业层面上具有无可比拟的价值。麦肯锡全球研究院（McKinsey Global Institute）的研究数据表明，数据驱动的组织在吸引和保留客户的能力上都显著超过了其他类型的组织。具体来说，这些基于数据驱动的组织获取新客户的能力是其他组织的 23 倍。这就意味着，它们能够更有效地发现潜在客户，更精准地满足这些客户的需求，更高效地把他们转化为公司的新顾客。同时，这些数据驱动的组织在保持现有客户方面的表现也非常出色，它们的效率是其他组织的 6 倍。这表明，它们能够更好地理解客户的需求和偏好，提供更符合客户期望的产品或服务，从而提高客户的忠诚度，减少客户流失。更为显著的是，这种在吸引和维持客户方面的优越性，使得数据驱动的组织在盈利能力上达到了其他组织的 19 倍[①]。在今天这个日新月异、不断变化的商业世界中，从全球经济

---

① GASKELL A. Becoming a data driven organization [EB/OL]. (2016 - 10 - 28) [2023 - 09 - 15]. https://www.forbes.com/sites/adigaskell/2016/10/28/becoming-a-data-driven-organization/#5c7134e26110.

的波动，到消费者需求的改变，再到技术的快速演进，企业都面临着无数的不确定性。在这种环境下，企业必须能够快速适应变化，精准捕捉机会，并做出切实有效的决策。这就是为什么数据驱动决策已经成为企业的必需品，而它也将为企业带来一系列的竞争优势。

在不断变化的商业环境中，快速而准确的决策是成功的关键。数据驱动的决策方式能揭示市场隐藏的动向和转变，有助于减少企业决策的不确定性，从而使其决策过程更加精准和高效。同时，当企业开始收集并分析数据时，它们会发现，无论是选择推出新产品，停止某项产品的生产，调整营销策略，开拓新市场，还是做出其他完全不同的决定，企业都能更自信地应对各种业务挑战。数据在这里扮演了多重角色。一方面，它作为现状的基准，能让企业更清晰地了解到任何决定对业务的影响；另一方面，数据拥有逻辑性和形象性，而这些是直觉和经验所无法比拟的。通过消除业务决策中的主观性，企业可以为整个公司注入信心。这样的信心使得企业能够全身心地投入某个具体的愿景或战略中，而无须过度担忧做出错误的决策①。

---

① STOBIERSKI T. The advantages of data-driven decision-making［EB/OL］. (2019－08－26)［2023－09－15］. https://online. hbs. edu/blog/post/data-driven-decision-making.

　　此外，数据驱动决策不仅涉及收集和分析数据，更重要的是要从数据中提取出有价值的信息和洞察。这些洞察可能涵盖市场趋势、消费者行为、竞争动态等多个方面，帮助企业形成对商业环境全面和深入的理解。这些从数据中提取出的洞察，可以为企业的创新提供强大的支持。创新不仅仅是发明新的产品或服务，更重要的是满足未被满足的需求，解决实际的问题，以及提供更好的解决方案。这一点不足为奇，在最基础的层面，所有的组织都可以被视为"信息处理器"。它们依赖于等级制度、职能划分以及人类感知等手段，来收集、传播信息，并根据所获得的洞察采取行动。因此，任何能够以更快速、低成本和更高精度提供信息的技术，自然会为重塑管理机制提供可能性①。数据驱动决策提供的洞察，可以帮助企业发现这些未被满足的需求、实际的问题，以及改进的机会。例如，通过分析消费者行为数据，企业可能会发现消费者对某种产品或服务的新需求。这个需求可能是由新的市场趋势驱动的，也可能是竞争对手未能满足的。无论是哪种情况，这都是一个创新的机会。企业可以利用这个需求，开发全

　　①　MCELHERAN K. The rise of data-driven decision making is real but uneven [EB/OL]. (2021-08-31)[2023-09-10]. https://hbr.org/2016/02/the-rise-of-data-driven-decision-making-is-real-but-uneven.

新的产品或服务，或者改进现有的产品或服务，以满足这个需求。

可见，数据驱动决策能够帮助企业在高速变化和不可预测的商业环境中，获取准确的业务洞察，加速决策和执行，增强创新能力。这些都是企业在此类环境中获得竞争优势的关键因素。因此，企业应该积极采用数据驱动决策，以应对商业环境的挑战，提升自身的竞争优势。

数据驱动决策：企业间的差异何在？

随着技术的发展，数据驱动决策已经逐渐成为企业经营模式的一部分，尤其是在数字原生企业①中。然而，对于许多传统企业来说，大型企业并非总是灵活的，引进数据驱动决策并非易事。值得思考的是，管理者们投入必要的资金和进行流程的改进，实施基于数据的决策策略到底能有多快？是否所有公司都加入了这一最新的管理浪潮？

为了探讨这些问题，美国人口普查局（U. S. Census Bureau）的一个团队以及斯坦福大学的尼克·布鲁姆

---

① 数字原生企业（digital born company）是指在互联网和数字技术的背景下诞生的企业。这种企业的商业模式、运营方式、组织结构和文化，从一开始就与数字技术紧密结合，且在很大程度上依赖这些技术。

（Nick Bloom）和伦敦政治经济学院的约翰·范·雷南（John Van Reenen）合作进行了一项大规模的调查，研究范围覆盖了美国的制造业。他们调查了大约 5 万家美国制造业公司，主要研究数据驱动决策的普及情况①。他们发现，在 2005—2010 年，使用数据驱动决策的美国制造业工厂数量增加了近 2 倍，从 11％增长到了 30％。然而，这种普及并不均匀。数据驱动的应用主要集中在具有以下 4 个优势的工厂：信息技术水平高；工人受过良好的教育；企业规模较大；数据意识较强。

　　第一，信息技术。在已经进行大量信息技术投资的企业中，数据挖掘的应用通常更为广泛。很直观地说，当企业拥有更先进的信息技术来跟踪、处理和交流数据时，它们便能更有效地利用数据驱动决策。同时，当信息技术在指导企业的决策和行动过程中扮演关键角色时，企业也能从这些技术投资中获得更高的回报。

　　第二，教育程度。员工（包括管理层及其他员工）持有学士学位的比例越高，企业运用数据驱动决策的可能性也越大。这或许表明，正规教育能够提升人们对于以数据

①　MCELHERAN K. The rise of data-driven decision making is real but uneven [EB/OL]. (2021 - 08 - 31) [2023 - 09 - 10]. https://hbr.org/2016/02/the-rise-of-data-driven-decision-making-is-real-but-uneven.

量化为核心的思维模式的适应能力，从而更好地理解并解析世界。

第三，企业规模。无论是单一工厂企业，还是拥有多个工厂的企业，都在以大致相同的速度增加对数据驱动决策的依赖。然而，单厂企业的采用率仍不及大型企业的一半，这可能是因为大型多单位企业的工厂通常具有相互学习和共享基础设施的优势。

第四，数据意识。即使是为数据驱动决策做好准备的公司，也可能因为对数据驱动决策的益处了解不足而落后。为了成功采用数据驱动决策，企业首先需要深入理解这种新兴的管理实践，以及它在特定的组织情境中的适用性。那些有更多机会接触这种管理实践的企业，更有可能在数据驱动决策的应用上处于领先地位。

数据驱动决策无疑具有巨大的潜力，能够为企业提供深入的市场洞察，并使其在竞争中处于优势地位。然而，并非所有企业都能有效地投入和利用数据驱动决策。在数据驱动决策的引入和实施上，可能会因企业的类型、规模、资源和行业特性等多种因素而有所不同。此外，即便是已经决定投入数据驱动决策的企业，也可能会在实施过程中遇到一系列的挑战。因此，企业需要在投入数据驱动决策之前，仔细评估这些潜在的挑战，并制定相应的策略来应对。

数字驱动决策：为何企业难以掌握？

在过去的几十年中，数据驱动决策已经成为许多企业的首要任务。企业不断努力提升自己的数据驱动能力，希望通过利用数据来优化决策，提高效率，创造更大的商业价值。然而，这一进程并非一帆风顺，很多企业报告说它们在实践数据驱动决策时的结果好坏参半。那么，究竟什么原因导致了这种情况？

在如今的数字时代，数据来源和数据类型的多样性正在快速增加。这些数据源包括传感器数据（如来自 IoT 设备的数据）、信号（如来自移动设备的数据）、文本（如来自社交媒体和电子邮件的数据）、图片（如来自摄像头和卫星的数据），以及其他各种非结构化数据[①]（如音频和视频数据）。最近有观点指出，80％新产生的数据都是非结构化数据，这意味着这些数据不容易被捕捉或量化[②]。传统的数据分析方法往往难以应用于非结构化数据。这些不

---

　　① 非结构化数据是指不符合预先定义的数据模型或无法轻易存储在传统关系数据库中的数据。这些数据类型包括电子邮件、社交媒体、文本文档、图片和视频等。

　　② BEAN R. Why becoming a data-driven organization is so hard [EB/OL]. (2022 - 02 - 24) [2023 - 09 - 23]. https://hbr.org/2022/02/why-becoming-a-data-driven-organization-is-so-hard.

断涌现的新数据，使得数据驱动决策的任务变得日益繁重。因此，企业需要掌握新的数据分析技术，如机器学习和自然语言处理，以便从非结构化数据中提取有价值的信息。此外，越来越多的企业开始认识到，数据不仅是一种信息载体，而且是一种在组织内部流动的商业资产。然而，这些数据往往突破了传统的组织边界，如部门、团队甚至是个体，它们在整个组织中流动，没有明确的所有权。这个现象加剧了数据管理的复杂性，因为企业需要建立一套系统，既能确保数据的流畅，又能保证数据的质量和安全。随着数据共享和云存储的普及，数据的所有权和控制权也变得更加复杂，每个企业都面临着一个迅速出现的问题，那就是在数据所有权和管理方面，如何保证数据的使用是负责任的和道德的。因此，2019 年，德勤对美国高管进行的一项调查发现，大多数（63%）高管不认为他们的公司是数据驱动型公司，67%的高管表示他们无法自如地访问或使用工具和资源中的数据，这也就不足为奇了①。

---

① DELOITTE UNITED STATES. Deloitte survey: analytics and data-driven culture Help companies outperform business goals in the 'Age of With.' [EB/OL]. (2019 - 07 - 25) [2023 - 09 - 24]. https://www.prnewswire.com/news-releases/deloitte-survey-analytics-and-data-driven-culture-help-companies-outperform-business-goals-in-the-age-of-with-300889703.html.

　　长期调查数据表明，问题可能会越来越严重。New-Vantage Partners[①]公司的最新年度调查跟踪了企业数据驱动计划的进展情况。在调查中，只有 31％的公司表示它们是数据驱动型企业，这一数字比 2017 年的 37％有所下降。超过 3/4 的公司表示，企业采用大数据和人工智能计划仍是一项重大挑战。在调查中，企业首席数据、信息和分析执行官（Chief Data Officer or Analytics Officer）表示，当前企业在数据战略方面面临的最大挑战可能并非技术问题，而是文化变革。连续 4 年，超过 90％的高管（2022 年为 91.9％）指出，文化是实现这一业务目标的最大障碍，而只有 8.1％的人认为技术限制是主要障碍[②]。因此，尽管全球的企业都在努力运用数据分析和人工智能来提升效率和推动创新，它们面临着一个关键性的障碍，那就是缺乏真正注重数据分析能力，并以此为基础进行高质量决策的企业文化。这不是一个技术问题，而是对人的

---

　　① 　NewVantage Partners，自 2001 年以来一直作为财富 1 000 强（Fortune 1 000）企业客户的数据驱动业务领导战略顾问，已经连续 10 发布了企业年度数据和 AI 领导力执行调查的结果。

　　② 　BEAN R. NewVantage Partners releases 2022 data and AI executive survey [EB/OL].（2022 - 01 - 03）[2023 - 09 - 26]. https://www. businesswire. com/news/home/20220103005036/en/NewVantage-Partners-Releases-2022-Data-And-AI-Executive-Survey.

挑战①。一些数字原生的公司，如亚马逊和阿里巴巴，天然拥有强大的数字文化，它们能将数据分析能力融入每一个业务决策中。然而，许多传统的公司却在这方面举步维艰，进展缓慢。这主要是因为只有少数公司能够采取有效措施来推动组织文化的变革。这是可以理解的，人们总是忽略数据驱动与员工和组织适应变化的能力有关②。历史悠久的公司历经了几代人或几个世纪的成功，不可能在一夜之间就发生改变。在过去的几十年里，许多公司都在努力通过数字化转型来适应互联网的时代，在这个过程中充满了挑战和困难。同样，对于企业来说，想要变成数据驱动的组织也是一个需要跨越一代人的时间、付出巨大努力的过程。这是一个漫长的旅程，需要企业持续地推动组织文化的变革。尽管许多企业已经在这个过程中取得了一些进步，但还有许多工作需要去完成。

---

① DAVENPORT T H. How CEOs can lead a data-driven culture [EB/OL]. (2020-04-20)[2023-09-27]. https://hbr.org/2020/03/how-ceos-can-lead-a-data-driven-culture.

② BEAN R. Why becoming a data-driven organization is so hard [EB/OL]. (2022-02-24)[2023-09-29]. https://hbr.org/2022/02/why-becoming-a-data-driven-organization-is-so-hard.

数字驱动决策：打造相应的组织文化

对于众多企业而言，理论上解释如何将数据整合到决策过程中可能看似非常简单，然而，要想使这种做法在员工中广泛传播，并进一步发展为他们的习惯性行为，无疑是一项巨大的挑战。这需要一种根本的思维方式的转变。对于许多公司来说，打造强大的数据驱动文化依然是一座遥不可及的高峰，数据也很少能成为企业日常决策的基础。数据之所以强大，是因为它可以提供支持假设的实证，使得管理者能够充满信心地探索新的领域，而不是在未知的黑暗中迷茫地寻找方向。然而，简单地对数据驱动抱有期待并不足够。要真正以数据为驱动，企业需要建立一种能够让这种思维模式茁壮成长的组织文化①。管理学者已经从理论和实践的角度总结出了一些关键点，帮助企业打造数据驱动的组织文化。下面，让我们来探讨这些关键点。

数据驱动文化的萌芽往往源自公司的高层管理者。他们往往会设定一个预期，那就是决策过程应该以数据为基

---

① WALLER D. 10 steps to creating a data-driven culture [EB/OL]. (2021 - 11 - 30) [2023 - 10 - 10]. https://hbr. org/2020/02/10 — steps-to-creating-a-data-driven-culture.

础，这不是一种新颖或特别的行为，而是被视为正常的操作方式。这种理念会从上而下传播，因为那些希望得到认可和重视的员工会以领导在意的方式和语言与领导进行沟通①。在很多场合，高层领导的示范行为能够有力地催化公司文化的质变。他们身体力行，向团队展示了如何在内部运用数据分析和人工智能进行决策，从而在整个组织内部广泛传播这种策略的价值②。领导者的行为模式也可能包括在内部会议中展示对数据分析的态度。虽然统计分析将由定量分析人员负责，但管理者在这一过程的开始和结束阶段，尤其是在提出问题和分析结果方面，都扮演着至关重要的角色③。通常管理者应该提出下面 6 个问题，讨论分析师的结论④：

（1）你的数据来源是什么？

（2）样本数据对总体的代表性如何？

---

① DAVENPORT T H. How CEOs can lead a data-driven culture［EB/OL］. （2020 - 04 - 20）［2023 - 09 - 29］. https://hbr.org/2020/03/how-ceos-can-lead-a-data-driven-culture.

② WALLER D. 10 steps to creating a data-driven culture［EB/OL］. （2021 - 11 - 30）［2023 - 10 - 11］. https://hbr.org/2020/02/10-steps-to-creating-a-data-driven-culture.

③ FRICK W. An introduction to data-driven decisions for managers who don't like math［EB/OL］. （2018 - 03 - 09）［2023 - 10 - 13］. https://hbr.org/2014/05/an-introduction-to-data-driven-decisions-for-managers-who-dont-like-math.

④ DAVENPORT T H. Keep up with your quants［EB/OL］. （2017 - 03 - 17）［2023 - 10 - 13］. https://hbr.org/2013/07/keep-up-with-your-quants.

（3）你的数据分布是否包括异常值？它们对结果有何影响？

（4）你的分析背后有哪些假设？某些条件是否会导致你的假设和模型失效？

（5）你为什么决定采用这种特定的分析方法？你考虑过哪些替代方法？

（6）由于自变量导致因变量发生变化的可能性有多大？其他分析方法能否更清楚地确定其中的因果关系？

高层管理者往往会鼓励其他员工也这样做。这种做法可以提醒员工，数据是决策过程中的重要组成部分，并且应该被积极地应用到日常工作中。因此，高层领导者的行为和态度在推动数据驱动文化的形成和发展中起着重要的作用。他们不仅设定了期望，还以身作则，展示了如何将数据分析应用到实际决策中，从而在整个公司中推广数据驱动的决策方式。

企业也应将精心策划的教育计划推广到组织的各个层面。设计思维练习、团队合作任务以及数据分析实践等，通常比抽象的讲解更具成效。针对不同层级的员工设计适宜的练习，可以更直观地展示数据分析或数据驱动决策的优势。教育计划的焦点不仅应该集中在对数据分析和人工智能的理解和态度上，还应该强调在各个级别（包括高级管理层）查找和处理数据的技能上①。此外，及时提供专门的培训也至关重要。许多公司偏爱"一次性"的全面培训，然而，如果员工在培训后没有立即应用所学的知识，他们很可能会快速忘记②。因此，当项目需要运用到数据分析工具时，为参与项目的员工提供相关的培训会更有助于他们理解和掌握这些工具。这种"需求驱动"的培训方式，不仅保证了员工能够学以致用，同时也能提升他们的学习积极性，因为他们能直观地了解到所学知识在实践中的应用和价值。此外，这种培训方式还可以帮助组织更有效地利用资源，因为组织可以根据实际需求来安排和提供培训，而不是提供一次性的、大规模的培训，后者的效果通常并不理想。

建立数据驱动的组织文化是一个渐进的过程，而非一蹴而就。企业需要定期监测和评估数据驱动转型的进展情况，并根据反馈结果做出相应的改进和优化。同时，企业还需要建立有效的反馈机制并鼓励员工分享关于数据分析的见解和经验，促进组织内部的学习和创新，实现数据驱

① DAVENPORT T H. How CEOs can lead a data-driven culture [EB/OL]. (2020 - 04 - 20)[2023 - 10 - 15]. https://hbr.org/2020/03/how-ceos-can-lead-a-data-driven-culture.

② WALLER D. 10 steps to creating a data-driven culture [EB/OL]. (2021 - 11 - 30)[2023 - 10 - 15]. https://hbr.org/2020/02/10-steps-to-creating-a-data-driven-culture.

动的决策。

小结

在 21 世纪这个数据驱动的世界中，企业若想在高速变化、不可预测的商业环境中保持竞争力，就必须吸取前人的经验教训，并从那些成功的公司那里获取宝贵的经验。现在，我们正生活在一个对数据、科学和事实的权威性及信任度都提出质疑的时代，在这种环境下，将企业转变为数据驱动型组织比以往任何时候都更为重要。数据驱动型组织不仅能帮助企业做出更加明智和高效的决策，还能帮助它们更好地理解客户，优化产品和服务，并提高运营效率。这种转变需要领导者具备前瞻性的视野，以及勇于变革的决心。正如亚马逊全球人力资源高级副总裁贝思·加莱蒂（Beth Galetti）所说："我们看到的最一致的变化是，任何工作都需要一定程度的技术技能。有了基本的技术技能，员工不仅掌握了在快速变化的竞争环境中所需要的基本技能，还具备了支持数据驱动文化蓬勃发展的思维方式[1]。"

---

① CUTTER C. Amazon sees need for boosting technical skills of its workforce [EB/OL]. (2019 - 12 - 10) [2023 - 10 - 25]. https://www.wsj.com/articles/amazon-sees-need-for-boosting-technical-skills-of-its-workforce-11576013254/.

案例：理想汽车——数据驱动，驶向未来

　　现在请闭上眼睛，想象一下你正在驾驶一辆理想ONE，沿着公路飞驰。周围是飞快掠过的山川和田野，但你的注意力却被车内的仪表盘吸引。这并非你熟悉的传统仪表盘，它更像是一个灵动的数据中心，实时呈现着诸如电池剩余电量、当前行驶速度以及车辆性能指标等重要信息。这就是理想汽车所提供的驾驶体验，它是一家以数据为核心，借助数据驱动的力量来塑造电动汽车行业未来的公司。

　　在这个数字化的时代，数据是推动一切前进的燃料。从社交媒体的在线交互到物联网设备的实时反馈，我们的世界每分每秒都在生成大量的宝贵数据。理想汽车，就好像一辆装满高能"燃料"的赛车，在这个数据至上的世界中，以惊人的加速度和灵活性前行。通过应用深度学习和人工智能技术，理想汽车能够根据实时的数据反馈调整车辆的性能，提供更好的驾驶体验；通过运用大数据分析和预测模型，理想汽车能够洞察市场趋势，制定更有效的营销策略；通过深入理解用户的驾驶行为，理想汽车能够开发出更符合用户需求的产品和服务。

　　但理想汽车的野心远不止于此。它将数据视为驱动决

策和创新的动力源泉。在理想汽车看来，数据不仅仅是一种"燃料"，更是一种"指南针"，它指引着公司未来的发展方向，驱动着公司的创新和进步。因此，理想汽车始终致力于投入资源，提升其数据处理和分析的能力，确保在这个被数据主导的时代中保持领先地位。理想汽车坚持为客户提供更优质的产品和服务，创造出更卓越的驾驶享受。

创始人李想：三次创业，成就理想汽车①

2000 年，李想看准了互联网行业的大潮，创办了泡泡网，这是中国最早的互联网社区之一。泡泡网专注于电子产品的测评，为用户提供专业的测评内容和服务，并通过高质量的内容吸引用户流量，进而通过广告获得盈利。凭借对市场的敏锐洞察力和对用户需求的精准把握，泡泡网逐渐发展成为中国 IT 行业的第三大垂直门户网站，仅次于太平洋电脑网和中关村在线。2005 年，泡泡网的年利润达到了 1 000 万元，市值估算为 2 亿元。

2005 年，随着移动互联网的迅速崛起，以及中国加入WTO 后的消费升级浪潮，李想敏锐地洞察到了汽车行业的巨大发展潜力。于是，他启动了他的第二次创业之

---

① 资料来源：中国企业家杂志公众号，理想汽车公众号，国海证券研究所。

旅——汽车之家。这是一家专注于汽车市场的在线平台，为用户提供一站式服务，包括新车、二手车信息、行业资讯、用户论坛等全方位的汽车相关服务。汽车之家以满足用户和市场需求为创新导向，通过提供原创的图文内容，实施差异化的竞争战略。同时，它以快速响应市场变化抢占市场份额，逐步发展成为中国最大的汽车类网站。2013年，汽车之家在美国纽交所成功上市，这一里程碑式的事件也为李想在汽车行业的深度布局奠定了坚实的基础。

李想，作为一位成功的连续创业者，他的每一次创业经历都为他的下一次创新之旅积累了宝贵的经验和深刻的洞察。他在泡泡网期间对垂直行业信息门户网站的运营模式有了深入的理解，包括资料库、消费者信息、技术分析和产品评测等。自创立之初，汽车之家就秉承着以用户和市场为导向的原则，致力于把握用户需求，构建用户信任，提高用户黏性。通过解析用户需求，汽车之家成功地构建出了与竞品不同的创新点和核心竞争力。在创建并运营汽车之家的过程中，李想积累了大量的用户选车数据，深入了解了产品评价的维度和用户的用车需求。随着创业进入第三阶段，李想在前两次创业的基础上，延续了他的卓越品质。他看到了中国新能源汽车市场的巨大潜力和发展机遇，在2015年创立了理想汽车，再次展现了他的商业智慧和创新精神。

理想汽车：造车新势力①

理想汽车由李想于 2015 年 4 月创立，并于 2017 年 4 月注册成立，最初名字叫做"车和家"，代表了创始人李想把车建造得像家一样的理念。作为中国智能电动汽车制造的领军者之一，理想汽车主要针对中国的中高端乘用车市场。不同于其他新兴的汽车制造商，理想汽车在一开始就决定自建工厂。在 2016 年，公司开始在常州建设自己的工厂。到 2019 年底，理想汽车实现了自建工厂的目标，成功研发并交付了一款新车型——理想 ONE。理想 ONE，作为理想汽车的首款产品，是一款豪华电动 SUV，于 2019 年 12 月正式上市。这款车巧妙地融合了传统燃油车和电动车的优势，采用混合动力系统的设计，即使在没有充电设施的地方，也能通过燃油发电机进行充电，这有效解决了纯电动汽车续航里程短的问题。此外，理想 ONE 在设计和智能化方面也处于领先地位，全车都装配了大量的智能驾驶技术，包括 L2 级别的自动驾驶辅助系统。

理想汽车在 2020 年 7 月成功在美国纳斯达克上市，紧接着于 2021 年又在港交所上市。在 2022 年和 2023 年，

---

① 资料来源：理想汽车官网，理想汽车微信公众号，德邦研究所。

公司又陆续推出了 L9、L8 和 L7 三款车型，这些车型在空间设计、驾驶体验以及智能座舱等方面都获得了一致好评。2022 年，理想汽车在中国大型 SUV 和中大型 SUV 的市场上均成为销售冠军。在中国的大型 SUV 市场中，理想 L9 在首个交付月就实现了超过 1 万辆的交付，这创造了自主品牌 40 万元以上单一车型的交付纪录。2022 年，理想在大型 SUV 车型市场的占有率达到了 50.73%。在中大型 SUV 市场上，理想 ONE 成为首个单车销量突破 20 万辆的新能源汽车产品。

2023 年 1 月 28 日，理想汽车的 CEO 李想向所有员工发出了一封公开信①。在这封信中，李想重申了公司的愿景、使命和价值观。他强调，这些核心理念是公司行动的指南针，是推动理想汽车不断向前的动力。

愿景：2030 年，成为全球领先的人工智能企业

"在创立之初，我们希望 15 年后的理想汽车可以在人工智能领域（软件 2.0）构建完整的体系化能力。具备自动驾驶的智能电动车也将会成为最早的人工智能机器人，以及创造出物理世界人工智能的母生态：从 AI 的算法到

---

① 李想. 理想汽车致全员信：2030 年，成为全球领先的人工智能企业 [EB/OL]. (2023 - 01 - 28) [2023 - 10 - 29]. https：//finance. sina. com. cn/roll/2023-01-28/doc-imycteaq3533152. shtml.

改变生活的 AI 产品，从 AI 操作系统到 AI 推理芯片，从 AI 训练平台再到 AI 训练芯片等。我们希望通过自己在人工智能领域里持续不断的研发投入，以及持续超越用户需求的产品能力，用人工智能机器人去改变物理世界的效率和体验，造福我们服务的每一个家庭，以及家庭里的每一位成员。通过持续不断的努力，经过一轮又一轮的行业淘汰赛，在 2030 年成为全球人工智能行业的领导者。"①

使命：创造移动的家，创造幸福的家

"我们为什么创办这家企业，从 2015 年注册公司'北京车和家'的那一刻就决定了。我们希望通过可再生能源（焦耳的革命）与人工智能（比特的革命）这两个未来 100 年最重要的新科技，去持续改变我们生活中最重要的两个物理空间：一个是车，一个是家。创造移动的家，创造幸福的家。"②

价值观：超越用户的需求，打造最卓越的产品和服务

"我们敢于超越用户需求，绝不会停留在满足需求上。在 2015 年，不会有任何消费者调研会告诉你，用户需要增程式电动车，用户需要六座 SUV，用户需要 App 自助

---

① 李想. 理想汽车致全员信：2030 年，成为全球领先的人工智能企业 [EB/OL]. （2023 - 01 - 28）[2023 - 10 - 29]. https：//finance. sina. com. cn/roll/2023-01-28/doc-imycteaq3533152. shtml.

② 同上。

的保养服务……我们必须有足够的勇气超越用户需求，下定决心去研发我们相信的产品和服务，直到你把产品和服务展示在用户面前。用户会惊讶地发现，这才是我想要的产品和服务：原来还有一种能源方式是可以城市用电、长途发电、露营放电的，假期带着一家人自驾游的时候可以不用到处排队找充电桩；原来六座 SUV 三排上下车是如此的方便，二排还可以电动调节，直到今天三排座椅的SUV 六座普遍成为标配；原来用手机 App 就可以轻松搞定保养，上班有人开走，下班前车就送了回来，全程有视频和 GPS 监控，保养结算的方式甚至比点外卖还容易。我们精准地围绕家庭这个最好的用户群体，构建每一个环环相扣的全链条经营能力，超越用户的需求，打造最卓越的产品和服务。这就是在理想 ONE 成为同级别销量冠军后，理想 L9、L8、L7 每一款产品都能持续成功的根本所在。"①

产品矩阵：定位"家庭"豪华细分市场

理想汽车以"创造移动的家，创造幸福的家"为使命，以"家"的定义贯穿其产品系列，并明确将产品定位

---

① 李想. 理想汽车致全员信：2030 年，成为全球领先的人工智能企业 [EB/OL]. (2023 - 01 - 28) [2023 - 10 - 29]. https：//finance. sina. cn/ roll/2023-01-28/doc-imycteaq3533152. shtml.

在"家庭"细分市场，其产品的性能、设计和服务都体现了这一点。理想汽车的 ONE、L9 和 L8 车型都设有 2＋2＋2 的座椅布局，这对于二胎家庭来说是非常实用的。它们的第二排独立座椅提供了极佳的舒适体验，而且空间充足，可以方便地安装两个儿童安全座椅，对家庭用户十分友好。这些车型的第一、第二排座椅都配备了舒适的头枕，而且第二排座椅还增加了加热和按摩等功能。与此同时，理想的 L7 车型则采用了 2＋3 的五座布局，其第二排的空间在同级别车型中相对较大。

理想 ONE：理想汽车旗下的首款商品化增程式中大型电动汽车，自 2019 年 12 月开始正式交付。这款车型在国内是首款商业化增程式电动汽车，具有独特的设计理念，其整体外观造型巧妙地融合了时尚和科技元素。理想 ONE 的定位是城市奶爸车，作为一款可以获得绿色牌照的六座四驱增程式中大型 SUV，它成功地吸引了限购城市中的奶爸群体。

理想 L9：2022 年 6 月正式亮相。与公司的首款车型 ONE 相比，L9 有着显著的不同。首先，L9 被定位为大型 SUV，其体型比 ONE 更为庞大。其次，L9 的车身设计更为简洁，车顶上还特别配置了一个激光雷达。此外，L9 的后排座椅区域集成了一个可以加热和制冷的保温箱。尽管有所不同，但 L9 的定位依然是针对家庭用户。

　　理想 L8：2022 年 9 月正式推出。作为 L9 和 L7 中间的车型，L8 是理想 ONE 的升级版，延续了 ONE 中大型六座 SUV 的空间布局，专为家庭用户提供豪华舒适的六座空间设计。L8 采用了理想汽车最新的四驱增程电动系统，并标配了理想魔毯空气悬架，以确保极佳的驾驶和乘坐舒适性。

　　理想 L7：2023 年 2 月正式发布。L7 是一台为中国家庭量身打造的智能旗舰中大型五座 SUV，提供了同级别中最大的二排空间。

　　理想 ONE 的产品发布立即引发了市场的热烈反响。在 2021 年 11 月，该款车型的单月销量达到了 13 485 台，成为首款起售价超过 30 万元的中国品牌车型实现单月销售破万的纪录。在后续推出的另一款爆款车型——理想 L9 的带动下，理想汽车在 2022 年的总销量为 13.32 万辆，同比增长了 47.22%。在 2022 年第四季度，新款车型 L9 和 L8 上市后，在 2022 年 12 月的销量实现了双双破万，创下了单月最高交付纪录，成为中国造车新势力中首个月销量达到 2 万辆的车企。理想汽车的单车收入从 2019 年的 27.3 万元提升至 2022 年的 33.1 万元，2022 年的单车毛利为 6.3 万元，汽车销售毛利率达到了 19.09%。与小鹏和蔚来在同期的 9.45％和 13.70％的毛利率相比，理想汽车的毛利优势明显。单一车型的热销为理想汽车的盈利转正奠定了基础。理想汽车的单车盈利模型数据明显优于其他新能源汽车品牌，而且在 2023 年上半年的盈利（32.23 亿元）已经填平了过去 3 年的累计亏损（－24.85 亿元）。理想汽车的大单品策略有助于分摊固定成本和研发费用等成本，过去 3 年的单车净利显著高于新能源汽车领域的其他两家主要竞争对手（蔚来、小鹏汽车），也是这 3 家被称为新能源汽车"三剑客"的车企中首家实现净利润转正的公司。

新能源车企布局日益完善，造车新势力增长空间广阔

在 2023 年的中国新能源汽车市场中，比亚迪持续了去年的优秀表现，市场份额从 2022 年初的 26％稳步增加，至 2023 年 5 月已接近 40％。相比之下，造车新势力（包括蔚来、小鹏、理想、零跑、威马、哪吒）的总体市场份额稍显不足，全年份额维持在 10％～12％。然而，其中有两个趋势值得关注。首先，造车新势力的总市场份额整体上呈现上升趋势，从 2022 年 10 月的最低点 10.3％，稳定上涨至 2023 年 5 月的 11.6％。其次，理想汽车在造车新势力中表现明显，市场份额持续上升，从 2022 年 8 月的最低点 0.9％，攀升至 2023 年 5 月的历史最高点 4.9％。

在 2023 年上半年的表现中，理想汽车无疑是最引人注目的新兴力量，并且交付量持续攀升。得益于混合动力技术的优势，理想汽车的交付量连续 2 个月超过 3 万辆，同时在上半年实现了 21.2％的总体毛利率，其单车毛利率保持在 20％以上，远超其他新兴汽车制造商。此外，自从 2022 年第四季度开始盈利后，理想汽车在 2023 年上半年继续保持盈利。业界预测，如果按照这种趋势发展，理想汽车有望在全年实现盈利。

打造数据驱动的科技企业

在 2020 年 10 月 29 日举行的第四届全球未来出行大会（GFM2020）上，理想汽车的首席技术官王凯发表了一场名为"未来出行的基石：数字化重构下的智能汽车"的主旨演讲。据王凯所言，未来的出行模式将会改变我们的生活方式，其中，智能化是最关键的一环。他进一步解释，智能化时代的核心在于将实体世界映射到数字世界，这是生产力大幅提升的象征。在这个时代，核心技术如大数据、数据融合、闭环系统和飞轮迭代等都占据着关键的位置。对于王凯来说，智能汽车是这次智能化变革的新入口。他认为，智能电动车的内外部都应该保持一致的发展：从外部来看，我们已经从辅助驾驶发展到自动驾驶，甚至无人驾驶；而从内部来看，我们已经从初试智能化转变到全面的智能化体验，最终实现智能生活。

王凯也对公司的发展路径进行了深度的解析与阐述。他将理想汽车的发展进程划分为三个阶段：从 0 到 1，从 1 到 10，从 10 到 100。从 0 到 1 阶段，王凯认为理想汽车的重点是实现数据闭环的完全落地。这意味着建立一个完整的系统，能够收集、处理和应用数据，以推动业务发展并实现智能化。从 1 到 10 阶段，王凯将其形容为飞轮迭代的实践。在这个阶段，公司需要利用收集到的数据，不断优化和升级产品和服务，以实现快速增长。从 10 到 100 阶段，王凯强调理想汽车需要追求效率的极致。公司需要充分利用数据驱动的优势，提升生产效率，优化运营流程，以实现规模化的发展。王凯表示，理想汽车已经成功地走过了从 0 到 1 的阶段，目前正处于推动飞轮迭代的从 1 到 10 阶段。他的目标是将理想汽车打造成一个真正的数据驱动型的科技公司，因为这将决定企业的未来。他预见："未来在智能领域能够更快地实现飞轮迭代、能够将数据驱动和科技融合做到极致的公司，一定会成为行业的领导者。"他多次强调"数据驱动"的重要性，认为数据不仅是驱动智能汽车发展的关键，而且也是公司掌握影响用户体验的核心技术的关键。

理想汽车正在以创新的方法将自己打造成数据驱动的

科技企业。在这个过程中，理解、分析并利用丰富的用户数据是关键，这为产品的持续优化和迭代提供了动力，并促成更高级别的智能驾驶的实现。

首先，理解用户需求是理想汽车构建数据驱动模式的关键一环。例如，理想汽车发现其用户的用车场景主要偏向于家庭出行服务，用户在车内的娱乐时间和观影需求持续增长，他们也更愿意进行语音互动。这些数据为理想汽车的产品迭代提供了重要参考，帮助公司更好地满足用户需求。例如，理想汽车正在探索如何提供一个更沉浸的车内空间，以及更多的车内功能，以满足用户的这些需求。

其次，理想汽车正在通过持续地运营自主学习和迭代算法，提升其智能驾驶的能力。理想汽车的研发工程师对汽车行驶过程中产生的大数据进行深入分析，定位并解决问题，尝试各种可能的解决逻辑。通过这种"小任务大数据"的方式，理想汽车不断积累数据，直至质变，实现城市级别的自动驾驶。这将为广大用户带来高速的安全行驶体验，提供前所未有的智能驾驶体验。

理想汽车的做法，不仅彰显了公司对数据的高度重视，也表明了其对科技的强烈关注。通过数据驱动的战略，理想汽车正致力于从一家新兴汽车制造商，转变为一个领先的科技公司，这对于其未来的发展具有决定性的意义。

数字驱动，驶向未来

理想汽车，这个与众不同的汽车制造者，以数据为燃料，以创新为引擎，在驶向未来的道路上，留下一道亮丽的痕迹。它用数据开启了一扇通向未知世界的大门，用数据为航标，照亮前方的道路，带领我们探索汽车行业的无限可能。

如果我们把理想汽车的发展历程想象成一部科幻电影，那么数据就是它手中的神奇魔杖，为它揭示未来的轨迹，使它在汽车行业的星际旅程中独领风骚。在这部电影中，理想汽车不仅是主角，还是导演，它通过收集和分析数据，编写出了一部精彩绝伦的剧本。它用数据创造了一个个生动的场景，让我们看到了汽车行业未来的景象。而最有趣的是，这部电影还在上映，理想汽车还在继续它的旅程，它通过数据驱动，正朝着更远的未来前进。它的故事，就像它的汽车，永不停歇，总是充满新的创新和可能。

所以，下次当你看到一辆理想汽车驶过，不妨想象一下，你看到的不仅是一辆汽车，而且是一部正在上映的电影的一部分。这是一部关于探险、关于发现、关于创新的电影，而你，也是这部电影的观众，见证着理想汽车如何依靠数据驱动，勇敢地驶向未来。让我们一起坐好，拿起爆米花，期待理想汽车接下来的精彩表演。因为这部电影，才刚刚开始。

案例点评

随着数字化时代的来临，数据已经成为推动科技创新和商业决策的核心力量。理想汽车的发展历程为我们提供了一个典型的案例，生动形象地展示了企业如何将数据驱动策略融入企业的各个发展阶段，理想汽车也因此塑造了其在电动汽车行业中的领先地位。所以，数据不只是数字，更是理想汽车驶向未来的关键。

从泡泡网到汽车之家，理想汽车的创始人李想的创业之旅深刻地体现了他对数据价值的深入洞察和巧妙应用。李想一直专注于收集和分析用户数据，用以洞察市场趋势和用户需求。这种数据驱动的决策模式，为他在汽车行业的进一步创业奠定了坚实的基础。泡泡网的成功证明了专业内容和用户参与的重要性，而汽车之家则展示了充分理解用户需求和快速响应市场变化的关键性。理想汽车继承了李想对数据价值的深刻理解，将数据驱动的理念贯穿于企业运营的各个层面。

从理想汽车的成功案例中，我们可以看到，数据驱动不只是一种技术手段，更是一种思维方式，一种开创未来的力量。理想汽车的成功源自深入理解并积极利用数据的巨大价值，这种理解和利用贯穿于公司的每一个层面，从产品开发到市场战略，从用户体验到服务创新。例如，在产品开发方面，理想汽车的设计团队不是单纯地依靠直觉或传统工程经验来设计车辆，而是依赖大量从消费者反馈、行驶数据以及市场研究中收集到的数据。这种数据驱动的研发模式使得产品更加贴合市场需求，解决了电动汽车在续航里程、充电便利性等方面的痛点，甚至在智能化和用户体验方面也进行了大胆的创新。例如，理想 ONE 的混合动力技术就是基于对市场数据深入分析的结果，它不仅提供了电动驱动的清洁效率，而且解决了充电基础设施不足导致的续航焦虑。

此外，在市场战略方面，理想汽车充分利用数据来优化营销策略和销售渠道。通过分析社交媒体上的消费者行为、竞争对手的市场表现和宏观经济指标，理想汽车能够更精准地定位目标客户群，设计更有吸引力的广告，并优化销售网络布局。这种基于数据的市场洞察极大地提高了营销效率，降低了客户获取成本，加速了市场份额的增长。然而，理想汽车对数据的应用并不止于此。在日常运营决策和长期战略规划中，数据都扮演着核心的角色。理想汽车将数据集成到其决策流程中，使数据驱动决策变为可能。

　　理想汽车能够在海量的数据中发现新的机会，在市场竞争中保持领先地位，这个过程不是一蹴而就的，而是深深扎根于数据驱动的企业文化，是李想和他的团队长期坚持和不断追求的结果。他们将数据分析视为企业决策的核心，从收集数据到解读数据，每一步都体现了理想汽车对数据的重视。理想汽车不仅仅是数据的使用者，更是数据文化的倡导者和实践者。他们推崇基于数据的决策制定，鼓励团队成员深入挖掘数据背后的逻辑，并将这种理念深植于企业文化之中。这种数据驱动文化的推广，确保了理想汽车能够适应快速变化的市场，持续引领技术进步和市场变革，不断以数据为核心，推动企业的成长与发展。数据驱动的文化也培养了一支能够灵活运用数据工具、掌握复杂数据分析方法的专业团队。通过不断地试验、评估和学习，理想汽车在数据驱动的运用上不断精进，产品和服务亦随之不断进化。通过这样的努力，理想汽车不仅在产品和服务上实现了创新，而且在整个组织的日常运营和战略规划上也体现了数据的引领作用。

　　理想汽车的发展也反映了数据作为企业资源的重要

性，值得也需要企业的持续投资。企业需要不断升级数据分析工具和平台，利用机器学习和人工智能来提高数据处理的速度和精度。这种能力不仅使理想汽车在产品开发上更加敏锐，也使其在市场变化面前能够做出更快的响应。数据分析的深度和广度直接影响了企业的战略决策和创新速度，这在理想汽车的快速成长中起到了不可或缺的作用。数据不仅是"燃料"，更是"指南针"，理想汽车展示了数据如何引导企业决策和长期发展。这种对数据价值的认识和利用，要求企业领导者拥有前瞻性的视角，认识到数据的潜力并持续地进行投资，无论是在技术突破上还是在人才培养方面。只有这样，企业才能确保其数据资产能够产生最大的价值，从而在未来的商业竞争中保持优势。理想汽车就是这样一个典范，它通过长期的数据投资，将信息转化为洞察，进而驱动了企业的持续成长与创新。

通过数据，理想汽车正在引领汽车行业进入一个数据驱动的时代，一个更加智能化、更加个性化的时代。这个时代充满了无限的可能性和机遇，预示着汽车行业未来的发展将更加依赖于数据。理想汽车，在数据的驱动下，正自信地驶向这个充满希望的未来。而理想汽车的成功，正是这个全新时代的最好预告。

第6章

组织韧性：
透过风雨看彩虹

在当今全球商业环境中，技术的剧变、监管的动荡、地缘政治的冲击、行业的去垂直化和去中介化、消费者口味的突然转变以及大量的非传统竞争者，所有这些都造成了一个前所未有的动荡和不确定的环境[①]。新冠疫情席卷全球，其后续引发的经济和社会震动进一步加剧了这一现实，凸显了组织生存和繁荣中组织复原力的重要性。在这个瞬息万变且充满不确定性的世界中，组织想要生存下去，不仅要有能力适应，更必须具备强大的韧性（resilience）。

韧性这个词源于拉丁语"resilire"，其含义是弹回或者反弹。在组织的语境下，韧性不只是生存的象征，更是在面对变化和不确定性的时代中适应和成长的标志。它体现了一个组织为危机做好准备、对危机做出反应并从危机中恢复的能力，确保业务的持续运行并尽可能降低中断的影响。面对不确定性，有韧性的组织就像一棵顽强且挺拔的白杨树，它不仅能在严酷的环境中生存，还能茁壮成长，化挑战为机遇，化混乱为生长的养料。这种在困境中迅速恢复，挫败后能够重新振作，以及在逆境中勇往直前的能力，就是我们所说的组织韧性

---

① HAMEL G, VALIKANGAS L. The quest for resilience [J]. Harvard Business Review, 2003, 81(9): 52-63.

（organizational resilience）。

当今，许多组织面临着突如其来的危机和前所未有的变革。对那些未能做好充分准备的组织来说，这些变化可能带来重大的负面影响[1]。换言之，当组织的工具、系统和架构无法与其所处环境的快速变化保持同步时，这些元素就会迅速变得过时[2]。这种情况导致了所谓的"韧性差距"，即环境动荡加剧的速度超过了组织提升韧性的速度[3]。因此，组织韧性并不是奢侈品，而是在日渐复杂的商业环境中生存和发展的必需品。拥有组织韧性的企业有能力突破不确定性的干扰，并在挑战之后变得更加强大。要记住，组织韧性并不是终点，而是一段需要不断付出、学习和适应的旅程。然而，这种努力是有价值的，因为一个具有韧性的组织，是一个可持续的且充满活力的组织。在如今这个复杂、快节奏、充满不确定性的商业世界中，构建一个富有韧性的组织，无疑是一个值得所有企业共同奋斗的目标。

在本章，笔者将探索组织韧性的主题，掌握其定义，

---

① BEERMANN M K. Linking corporate climate adaptation strategies with resilience thinking [J]. Journal of Cleaner Production, 2011,19(8):836 - 842.

② MACK O, ANSHUMAN K. Managing in a VUCA world [M]. Cham: Springer International Publishing, 2016.

③ VÄLIKANGAS L. The resilient organization: how adaptive cultures thrive even when strategy fails [M]. New York: McGraw-Hill, 2010.

理解其在当前商业环境中的关键作用，以及如何在组织内有效地塑造和提升这种韧性；深入研究影响组织韧性的重要因素，以及组织可以采取哪些方法和工具来强化其韧性。本章旨在为企业提供一份实用指南，指导其如何在VUCA 的环境中建立具有韧性的组织，全面发展组织韧性，并最大限度地发挥组织韧性的巨大潜力。在本章的末尾，我们还将深入探讨华为的案例。在这个案例中，我们不仅能够看到理论在实践中的应用，还能更具体地理解组织韧性在现代商业环境中的重要性。本案例将详细说明企业如何面对 VUCA 环境下的极端挑战，如全球政治经济的波动、技术制裁等，以及如何维持和增强组织的稳定性和适应性。

什么是组织韧性？

"韧性"这一概念诞生于 20 世纪 70 年代初的生态学研究。在此背景下，韧性被定义为一种衡量系统持久性的指标，同时也是系统在面对变化和干扰后，仍能保持种群或状态变量间关系稳定不变的能力①。这个概念后来在心

---

① HOLLING C S. Resilience and stability of ecological systems [J]. Annual Review of Ecological System, 1973,4:1 - 23.

理学、社会学和组织研究领域得到了认同。组织韧性这一术语最早由保罗·史托兹（Paul Stoltz）在 1997 年对个人和组织韧性指数的研究中首次提出。史托兹认为，组织韧性是一个组织在面临系统性的变革时，能够有效适应并保持其核心目标的能力①。然而，尽管史托兹首次引入了这个术语，但是组织韧性的概念已经在过去的几年中由许多学者和实践者进一步深化和拓展。大部分学者都强调了组织韧性在应对冲击和对抗逆境方面的关键作用。例如，有学者将组织韧性定义为"组织预见、避免和适应环境冲击的能力"②，同时，它还被认为是为面临逆境的个人和组织提供"关键的资源"③。更具体地说，组织韧性是指组织应对快速、破坏性的环境变化的方式，同时也关注如何处理众多微小环境变化的累积效应④⑤。这些环境变化可能包含

① STOLTZ P G. Adversity quotient: turning obstacles into opportunities [M]. New York: John Wiley & Sons, 1999.

② ORTIZ-DE-MANDOJANA N, BANSAL P. The long-term benefits of organizational resilience through sustainable business practices [J]. Strategic Management Journal, 2016,37(8):1615 - 1631.

③ POWLEY E H. Reclaiming resilience and safety: resilience activation in the critical period of crisis [J]. Human Relations, 2009,62(9):1289 - 1326.

④ MCCANN J, SELSKY J, LEE J. Building agility, resilience and performance in turbulent environments [J]. People & Strategy, 2009,32(3):44 - 51.

⑤ RUDOLPH J W, REPENNING N P. Disaster dynamics: understanding the role of quantity in organizational collapse [J]. Administrative Science Quarterly, 2002,47(1):1 - 30.

突发的、急性的压力源，也可能包括更为长期的压力源①。在面对这些压力源时，组织韧性可能表现为处理日常问题和事件的能力，也可能表现为驱动组织战略和结构重大变革的力量。也有学者强调，韧性并不仅止于对一次性危机的应对，也并不只是从挫折中复原。实际上，韧性更关注持续预见并适应深远且长期的趋势，这些趋势可能会对公司核心业务的盈利能力造成永久性的影响。韧性就是在变革的必要性变得极其明显之前，就已经拥有了改变的能力②。因此，组织韧性可以被理解为一种潜在的组织能力，用于实现内部和外部的协调③。更进一步，组织韧性不仅是从危机中反弹的能力，它还包含了战略的能力，即预测和/或预防、应对重大危机或其他挫折的能力④。值得注意的是，组织韧性不同于适应性（adaptability）等相关概念：它不仅关乎组织应对变化的能力，还关乎"学会如何

① RIOLLI L, SAVICKI V. Information system organizational resilience [J]. Omega, 2003,31(3):227-233.

② HAMEL G, VALIKANGAS L. The quest for resilience [J]. Harvard Business Review, 2003,81(9):52-63.

③ SAMBA C, VERA D M. Toward a theory of organizational resilience: the assessment-acceptance-amendment model [C]//Academy of Management Proceedings. Briarcliff Manor: Academy of Management, 2013:16476.

④ HAMEL G, VALIKANGAS L. The quest for resilience [J]. Harvard Business Review, 2003,81(9):52-63.

在逆境中做得更好"的能力①。因此，我们将组织韧性视为一种动态能力，它使组织能够在面对环境变化时重新配置其资源②。在这个视角下，组织韧性被理解为组织能够预见、（可能）防止，以及对重大危机和其他形式的逆境进行应对的动态能力③。

组织韧性的五个特征④

在经历了新冠疫情带来的动荡之后，德勤全球发布了年度应对报告，对组织韧性这一概念进行了深入剖析。德勤在 21 个国家对来自私营和公共部门的 2 260 位首席执行官进行了问卷调查，并与各行业的 C 级高管（CXO⑤）进

① VAN DEN BERG J, ALBLAS A, BLANC P L, et al. How structural empowerment boosts organizational resilience: a case study in the Dutch home care industry [J]. Organization Studies, 2022, 43(9): 1425 – 1451.

② TEECE D J, PISANO G, SHUEN A. Dynamic capabilities and strategic management [J]. Strategic Management Journal, 1997, 18(7): 509 – 533.

③ VAN DEN BERG J, ALBLAS A, BLANC P L, et al. How structural empowerment boosts organizational resilience: a case study in the Dutch home care industry [J]. Organization Studies, 2022, 43(9): 1425 – 1451.

④ RENJEN P. Building the resilient organization [EB/OL]. (2021 – 11 – 22) [2023 – 10 – 30]. https://www2. deloitte. com/content/dam/Deloitte/dk/Documents/about-deloitte/2021-Resilience-Report. pdf.

⑤ CXO 是一个通用的术语，用于指代公司的高级管理职位。这个缩写中的 "C" 通常代表 "chief"，"X" 可以被替换成任何一种特定的角色，而 "O" 通常代表 "officer"，如 CEO、CFO、COO 等。

行了深入的对话，探讨领导者及其组织如何应对"新常态"，如何处理棘手的难题，探索新的经营方式，以及如何应对战略的根本性转变。在这个过程中，德勤识别出了5个韧性组织的关键特征，这些特征有助于推动和支持灵活的战略，培养适应性的文化，以及推动先进技术的实施和有效利用①。以下是对这5个特征的详细解读。

有备无患

在商业领域，有效的管理以战略规划和充分准备为前提，这已经是公认的事实，而非什么秘密。就像象棋大师一样，成功的CXO会提前考虑几步，为未来的行动制定长期的目标，并根据一系列现有信息和竞争格局评估潜在的风险和机会。无疑，能够预先规划并做好准备的组织，通常是最具有韧性的企业。遵循"有备无患"的原则意味着主动积极地面对可能的威胁，并有能力预测和应对各种结果。对于一个组织来说，准备工作可能包括保持财务稳健，实施风险管理，保持灵活运营，以及制定应急计划等多个方面。本质上，"有备无患"意味着保持合适的资源、系统和流程，理解业务环境中的风险，并应对突发情况。

---

① DELOITTE. 5 traits of resilient organizations [EB/OL]. (2021 - 03 - 12)[2023 - 10 - 29]. https://hbr.org/sponsored/2021/03/5-traits-of-resilient-organizations.

因此，"有备无患"不仅是一种策略，更是一种态度。它要求企业对可能出现的问题保持前瞻性的思考，并对未来做好充分的规划和准备。通过提前准备，企业可以更好地应对变化，从而赋予组织更强的韧性。

适应变通

适应性可能是 5 个特征中最直观的，它赋予了组织在面对不断变化的环境时，调整或变更策略、结构、流程和行为的能力。这是一种基本特质，使得组织可以快速响应变化或抓住机遇。适应性不仅是对变化的被动反馈，更是一种需要预测和策划的积极态度。然而，这也可能是最难实现的。不是所有的组织都能顺利地进行战略转型、商业模式创新以及组织结构重塑。长期的适应性既考虑了应对当前危机所需的策略，也预见了处理未来干扰可能需要的手段。例如，这可能意味着在实体店无法为客户提供服务的情况下，采用技术和流程来处理增加的在线订单，或者培养员工可转移的技能，以便员工可以承担不同的职责[①]。因此，适应性是构造韧性组织的主要元素。它是一种催化剂，使组织能够借助适应变通、创新思维、学习能力以及

---

① RENJEN P. Building the resilient organization [EB/OL]. (2021-11-22) [2023-10-30]. https://www2. deloitte. com/content/dam/Deloitte/dk/Documents/about-deloitte/2021-Resilience-Report. pdf.

分散决策，来应对变化和不确定性。在这个瞬息万变的世界中，适应性不仅是一种理想的特质，而且是必需的能力。那些能适应变化、引领趋势的组织，常常都是具备适应性的组织。因此，对于所有追寻韧性的组织而言，提升适应性应被视为战略上的优先任务。

协同合作

在构成组织韧性的许多特征中，协同合作显然是一个核心的组成部分。协同合作意味着各个个体通过各自的知识、技能以及视角为共同的目标进行努力。首先，协同合作丰富了决策的制定过程。通过聚合多元化的观点，企业能对问题有更深入的理解，能充分认识到外部的机遇和风险，以此来做出更明智的决策。协同合作所催生的集体智慧常常能够带来创新性的解决方案，而这些方案往往可能被个体的努力所忽略。其次，协同合作强化了组织内部的沟通。在合作的环境中，信息能更流畅、更迅速地传播，确保所有成员都能得到及时的更新和同步。在危机期间，这种沟通能力变得尤为关键，因为信息的实时传递可以大幅提高组织的应对能力。最后，协同合作使得组织能够有效地配置资源，以确保业务的连续运营。在高效联结的公司中，一个区域的问题，如供应链的中断，可以被其他部门迅速察觉并采取相应的应对措施。这种跨部门的协作确保了企业在动态变化的环境中也能正常运作。总而言之，协同合作是组织韧性的关键特征之一。通过高效的协同合作，组织可以增强决策的制定和沟通，有效地配置资源，以更大的灵活和自信应对不确定性。通过消除内部障碍，搭建技术平台，建立外部联盟，组织能够推进合作文化的建立，提升组织抵抗变化和破坏的组织韧性。

信任有力

信任有力也是定义组织韧性的关键特征。组织韧性基本上植根于关系之中——员工间的关系，组织与客户之间的关系，以及组织与合作伙伴之间的关系。信任有力就像胶水一样，把这些关系紧密地粘合在一起。它营造了一个安全的氛围，让所有利益相关者都感到安心，从而可以自由表达自己的想法，勇于尝试，以及有效地协同工作。这种基于信任的环境通过促进公开的沟通，激励创新的思维，以及促进知识和资源的共享，从而孕育出组织韧性。在面临困境或不确定性时，决策变成了一项艰巨的任务。信任有力能够通过塑造一个透明和负责的文化来简化决策过程。当团队成员对他们的领导者充满信任时，即使在面临挑战的时期，也更可能接受领导者的决策，并坚定地支持组织的愿景；当领导者对自己的团队充满信任时，会赋予团队更多决策的权力，从而培育出一种主人翁精神和集体责任感。这种相互信任的环境加速了决策的制定，使组织能够快速响应并应对各种突发状况，从而增强了组织的韧性。组织韧性的显著特征是适应变化的能力。

信任有力可以培养一种积极学习和持续改进的文化。当员工犯错时，一个高度信任的组织会将这些错误看作是学习和成长的机会，而不是进行惩罚的理由。这种方式促进了成长型的思维，鼓励冒险尝试，并推动创新，这些都是在不断变化的商业环境中实现适应和增强韧性的关键因素。

信任有力也为有效的危机管理奠定了坚实的基础，这是通过确保对真实情况进行诚实且直接的沟通来实现的。这种沟通对于整合资源、协调行动以及积极响应至关重要。它推动了准确信息的流通，阻止了错误信息的蔓延，并鼓励了对挑战以及可能的解决方案进行开放和诚实的讨论。

总的来说，信任有力是组织韧性的重要特征。通过建立可靠的关系，赋予决策权，以及增强组织的适应性，信任有力不仅加强了组织的韧性，而且提升了组织的整体健康和效率。当企业在越来越不确定的未来中航行时，很明显，信任有力是组织需要努力构建的要素。

责任在肩

在当代的商业环境中，组织需要承担的责任已经超越了单纯的利润追求。如今，各方利益相关者更希望看到的是，组织能够将其行动与更高的目标相结合，优先满足客户、员工、社区以及地球的需求。责任在肩不仅能够提升组织的声誉，更能显著增强其组织韧性。富有韧性的组织深知，员工是他们最宝贵的资产。他们竭尽全力营造一个以员工福祉、发展和满意度为首要考虑的工作环境，提供公正的薪资，开辟成长和学习的通道，塑造尊重和包容的文化，以及维持开放的沟通渠道。当员工感到被重视和支持时，他们更可能展现出忠诚、承诺和效率，从而为增强组织的韧性提供助力。充满韧性的企业也承担了对社会和环境做出积极贡献的责任。它们采取可持续的实践，为社区的发展做出贡献，并坚持道德的商业标准。它们不仅尽到了对社会和环境可持续性的义务，还提升了它们在各利益相关者心中的声誉。反过来，这可能会增强客户的忠诚度，提升员工的留存率，甚至在长期带来竞争优势。可见，责任在肩也是组织韧性的关键特征。随着企业在日益复杂和多变的世界中成长，培养这些特质可以大大增强它们的组织韧性和在不确定性中蓬勃发展的能力。承担起这些责任的企业不仅保障了自己的未来，而且对周围的世界产生了积极的影响。

　　大多数具备组织韧性的企业都重视上述 5 种特征，而不仅仅是关注其中一两个，因为这些特征往往是互相交叉并互相支持的。此外，这 5 种特征并不是一成不变的，也不是自然形成的，而是需要愿景、努力、投资和行动来培养和保持。调查显示，那些有意识地将这些特征融入其思维模式和企业文化中的组织，能够更好地克服干扰，并在新冠疫情结束后迎来"更好的正常状态"（better normal）①。无论是在最光明的时刻，还是在最困难的情况，强化组织韧性的特征都会为企业带来显著的优势。理解并培养这些特征的组织将更有能力应对变革和破坏，这些已经逐渐成为我们世界的常态。

如何塑造组织韧性？

　　如果说 2020 年教会了我们什么，那就是每个人都需要为更大程度的波动性、不确定性、复杂性和模糊性做好准备。气候变化、科技发展和地缘政治等因素，将以

---

　　① RENJEN P. Building the resilient organization [EB/OL]. (2021 - 11 - 22) [2023 - 10 - 30]. https://www2. deloitte. com/content/dam/Deloitte/dk/Documents/about-deloitte/2021-Resilience-Report.pdf.

我们无法完全预见的方式，对行业、经济和社会产生颠覆性的影响。企业争先恐后做出调整，但成功程度各不相同。在下一次危机来临之前，最明智的做法是花时间系统地思考企业所使用的详细流程，并尝试替代方案。企业可以提前做好准备，以应对未知和不确定的情况，无论是类似新冠疫情这样的生存危机，还是更为常见的行业剧变。

　　研究者们已经识别出 3 种主要的工作方式①，帮助管理者更有效地应对高速变化的商业环境。第一种方式是组织常规。所有成功的组织都有既定的、用于完成工作的常规。在稳定的时期，这些常规常常被视为理所应当的。然而，当一个公司面临高度的不确定性或在危机中需要迅速行动时，这些常规往往会失效。第二种方法是简单规则或启发式方法，即经验法则，帮助企业加快流程和决策，并在不太可预测的情况下决定优先使用的资源。第三种是即兴发挥，即对机会或问题自发性、创造性的应对。大多数企业已经善于按部就班地开展工作。事实上，管理者所接受的培训就是要注重效率，因此，他们倾向于将最佳实践编入组织常规。因此，管理者应重点思考如何帮助员工在

---

　　①　SUAREZ F F, MONTES J S. Building organizational resilience [J]. Harvard Business Review, 2020,98(6):47-52.

工具中加入经验法则和即兴创作。研究表明，在任何情况下，熟练运用这三种方式都能提升组织的效率，增强应对变化的能力。任何企业，只要能在这些方法之间灵活切换，其表现都会更佳。当组织面临高度的不确定性时，这种灵活性就显得尤为重要。实际上，无论环境多么动荡，团队都能够轻松地重新设计完成特定任务的方式，这正是组织韧性的体现。通过积极培养组织在常规、经验法则和即兴应变之间自由切换的能力，以适应各种可能的、不断变化的市场需求，管理者可以在整个企业中建立起组织韧性。以下是一些管理学者为帮助企业熟练掌握这 3 种工作方式而提出的策略①：

首先，分析企业处理不同类型工作时的组织常规。每一个常规都建立在大量的假设之上，花一些时间搞清楚这些假设是什么（至少对关键常规来说），然后思考一下如果这些假设不成立，企业将如何操作。尽最大的努力构建出一个清晰的框架，描绘出各种方法在哪些地方被应用，以及组织是否有某种特定的偏好。接下来，思考这种偏好是否真的是大多数任务的最佳选择。如果企业在危机发生之前就已经分析并讨论过组织的流程，并进行了一定程度的改

---

① SUAREZ F F, Montes J S. Building organizational resilience [J]. Harvard Business Review, 2020,98(6):47-52.

造和适应，那么企业在危机时期的管理效果将会更好。

其次，加深员工对自己工作如何融入整体的理解。组织常常倾向于要求员工专业化，专注于细分的领域。这样做确实高效，也符合组织的既定常规。然而，在充满不确定性的时期，对其他领域功能的深入了解（可能通过交叉培训获得）能使团队更有适应性。团队成员将更好地理解他们的工作如何依赖于他人的工作，反之亦然。因此，当某个常规发生变化时，整个团队的工作不太可能被严重影响。

再次，投资建设专业团队。经验法则和即兴发挥可能看起来是自发的，但实际上，它们是基于专业知识深度培养的结果。这种专业知识的积累涵盖了对领域核心原理的深入理解，对最佳实践的掌握，以及对新方法的熟知和经验积累。

最后，学会释放控制权。在危机中，解决方案通常并不是显而易见的，也很少能从自上而下的方式中找到。解决问题需要动用组织的集体智慧。如果这些智慧不被赋予立即行动的权力，问题可能会迅速恶化。这超越了传统关于授权的建议，即在各自专业领域内给予员工有限的决策权。能够在危险时期生存下来的组织，通常已经发展出能迅速将决策权授予一线专业人员的能力。分析日常流程的常规操作，探索解决问题的创新方法，组织会更加熟练地运用经验法则和即兴发挥解决问题，在面对不确定性时，企业将更具组织韧性。

小结

组织韧性的核心体现在其适应性、恢复力和协同合作的能力上。这种韧性赋予了组织在遭遇挑战、变革或破坏时，保持其基本功能，恢复正常运营，并从这些经验中吸取教训和成长的能力。增强韧性不单单是策略性的调整，而是需要深入组织的文化和价值观层面。这种组织能力的提升需要持续的努力和投入，但其带来的回报也是显著的——具有韧性的组织不仅能在困境中生存，而且能从不确定性和变革中寻找机遇，推动自身的发展和繁荣。因此，企业必须明确，打造韧性组织并非易事，而是一场持久的、全面的挑战。在这个过程中，每个人都扮演着重要的角色，我们都是这场变革的参与者和推动者。

案例：华为韧性，逆境破局

2018 年初，美国监管机构以华为为中国间谍活动提供便利为由，对华为施加压力，导致华为在美国推出智能手机的计划失败①。在随后的几个月里，中美贸易摩擦持续发展，而华为则是贸易摩擦的中心②。到了 2019 年中，经过美国数月的制裁和限制，华为核心的计算机零件与软件等供应链遭到了前所未有的打击，同时，全球众多国家开始考虑封锁华为的 5G 设备③。在这变幻莫测、动荡不安的环境下，华为创始人任正非和他的管理团队面临着双重挑战：一方面要保证新款手机的如期问世，另一方面更要筹谋企业的未来与存续。如今，时过境迁，千帆过尽，我们不禁要问：华为是如何乘风破浪、逆风翻盘的呢？

困境

早在 2018 年，美国就开始了对华为的制裁，加大了对这家中国科技巨头的打压力度。美国的运营商 AT&T 取消了对华为手机的订单，知名零售巨头百思买也停止了对华为

①　FAZZINI K. Huawei's difficult history with US government [EB/OL]. (2018 - 12 - 06)[2023 - 10 - 11]. https://www.cnbc.com/2018/12/06/huaweis-difficult-history-with-us-government.html.

②　清华大学五道口国际金融与经济研究中心. 2019 年中美贸易争端大事记 [EB/OL]. (2023 - 06 - 20)　[2023 - 10 - 12]. https：//cifer.pbcsf.tsinghua.edu.cn/info/1161/2763.htm.

③　BBC 中文网. 华为 5G：美国再出重手全方位封杀　第三方担心"巨大冲击" [EB/OL]. (2020 - 08 - 18)[2023 - 10 - 15]. https://www.bbc.com/zhongwen/simp/world-53820545.

产品的销售，甚至美国国防部也对华为下达了销售禁令①。这些事件无不预示着一场风暴正悄然酝酿。最引人注目的是，2018 年 12 月 1 日，华为首席财务官孟晚舟在加拿大被捕②，这一事件迅速成为国际舞台上的焦点，不仅触发了商业层面的震荡，而且激化了国家间的外交纷争，将华为的困境推向了一个全新的维度。

到了 2019 年，美国对华为的制裁行动进入了高潮。1 月，华为面临着美国政府的 23 项起诉③。2 月，美国 FBI 突袭华为实验室，2 名员工在丹麦被驱逐，欧洲国家也开始对华为的 5G 设备抱持怀疑态度④⑤。5 月 15 日是华为历史上的一个重要日子，时任美国总统特朗普签署国家安全

---

① 冰川松鼠. 美国制裁华为时间线：从"不让华为卖进来"到"不让华为造出来"[EB/OL]. (2023 - 09 - 13) [2023 - 11 - 01]. https：//new. qq. com/rain/a/20230913A05VT600.

② WAKABAYASHI D. 华为 CFO 孟晚舟在加拿大被捕，或被引渡至美 [EB/OL]. (2018 - 12 - 06) [2023 - 11 - 02]. https：//cn. nytimes. com/business/20181206/huawei-cfo-arrest-canada-extradition/.

③ 电子产品世界. 美国正式指控华为，23 项刑事起诉直指科技竞争！[EB/OL]. (2019 - 01 - 30) [2023 - 11 - 08]. https：//www. eepw. com. cn/article/201901/397303. htm.

④ 陈成. 美国对华为打压时间线：从百般阻挠到直接动手 [EB/OL]. (2020 - 09 - 15) [2023 - 11 - 13]. https：//www. sohu. com/a/418566914_116237.

⑤ 李智. 又一欧洲国家制裁华为！禁止华为中兴参与其 5G 建设，外交部发声！[EB/OL]. (2020 - 11 - 02) [2023 - 11 - 12]. https：//www. thepaper. cn/newsDetail_forward_9819603.

命令，同日，美国商务部（Department of Commerce）及其下属机关"工业与安全局"（BIS）公布执行总统令的具体措施，将华为加入"实体清单"（Entity List），宣布正式封锁华为在美国的商业活动①。这一行动无声地宣告了美国对华为全面制裁的序幕。在接下来的几个月里，华为遭遇了一系列的技术封锁。谷歌将华为从安卓更新名单中剔除，Arm 等芯片设计公司终止与华为的合作。同时，华为在多个国际组织中的会员资格被一一吊销②。如同一张大网，美国的制裁覆盖了软件、硬件乃至国际合作的每一个节点，使得华为面临前所未有的考验。

2020 年伊始，美国对华为的技术封锁步步紧逼。5 月，美国商务部发布规定，要求任何使用美国设备生产芯片的公司在向华为供应产品前，需要先获得美国政府的许可③。同时，美国进一步强化出口管制，限制华为利用

---

① 鞠建东，马雪琰. 美国国家紧急状态下的华为事件［EB/OL］.（2019 - 05 - 22）［2023 - 11 - 15］. https：//cifer. pbcsf. tsinghua. edu. cn/info/1093/2108. htm.

② 冰川松鼠. 美国制裁华为时间线：从"不让华为卖进来"到"不让华为造出来"［EB/OL］.（2023 - 09 - 13）［2023 - 11 - 11］. https：//new. qq. com/rain/a/20230913A05VT600.

③ 物联网智库. 美国昨晚发布最严禁令！全世界所有半导体厂都不能给华为代工了？［EB/OL］.（2020 - 05 - 16）［2023 - 11 - 12］. https：//new. qq. com/rain/a/20200516A0NITC00.

美国技术进行芯片设计与生产①。到了 8 月，美国再次升级制裁措施，收紧对华为使用美国技术的限制，并将华为在全球 21 个国家的 38 家子公司加入"实体清单"②。9 月，美国商务部的芯片升级禁令针对华为及其子公司正式生效③。10 月，美国国际技术经济研究所（ITIF）发布报告，明确将中国定义为美国在科技领域的"最大威胁"④。

　　进入 2021 年，华为面临的困局并未缓解。1 月，特朗普政府撤销给芯片制造商的出货许可证，同时拒绝了其他数十个向华为供货的申请⑤。2 月，英国伦敦高等法院对华为申请获取汇丰银行账簿等关键文件的诉求作出

①　新智元. 拜登签署《安全设备法》，全面禁止华为、中兴设备进入美国 [EB/OL]. (2021-11-13) [2023-11-13]. https：//new. qq. com/rain/a/20211113A0146700.

②　罗燕珊，蔡芳芳. 美国对华为极限施压！全面封锁第三方芯片采购路径 [EB/OL]. (2020-08-18) [2023-11-13]. https：//www. infoq. cn/article/UfQgC9RfdxdCONZGBvxx.

③　刘远举. 新京报：美国"断供"了，华为会怎样？ [EB/OL]. (2020-09-18) [2023-11-15]. https：//news. sina. com. cn/c/2020-09-18-doc-iivhvpwy7465987. shtml.

④　远东出版. 中国经济 2022 | 从市场经济到共同富裕，看懂中国经济基本逻辑！ [EB/OL]. (2022-08-12) [2023-11-18]. https：//www. douban. com/note/836124790/? _i=7116889f76pN-h.

⑤　电子工程世界. 特朗普政府吊销英特尔等企业对华为出口许可，外交部这样回应 [EB/OL]. (2021-01-19) [2023-11-19]. https：//new. qq. com/rain/a/20210119A010FF00.

了否定判决①。3月，法国政府不断采取措施，逐步清除华为的通信设备②。美国新任商务部部长也表明将继续使用"实体清单"限制华为③。5月，意大利电信公司计划取消与华为签署的合约④。同年12月，美国将34家中国实体列入"实体清单"，包括国产GPU龙头景嘉微、海康及华为相关公司⑤。整个2021年，华为都处在风雨飘摇之中。

随着2022年的到来，华为轮值董事长徐直军发表新年致辞。他表示，2022年，是华为从应对美国不断制裁的战时状态，逐步转为制裁常态化正常运营的一年，也是逐步转危为安的一年，然而华为依然面临着美国政府不断升

---

① 中国国情. 华为对汇丰采取法律行动！孟晚舟案证据公开，回顾汇丰银行构陷始末［EB/OL］.（2021-02-13）［2023-11-19］. https：//new. qq. com/rain/a/20210213A0343N00.

② 中关村在线. 法国全面拆除华为设备：曾承诺不会拆［EB/OL］.（2021-03-04）［2023-11-21］. https：//new. qq. com/rain/a/20210304A065R000.

③ 王丹. 果然！美新任商务部长声称将充分利用"实体清单"限制技术和产品流向中企［EB/OL］.（2021-03-05）［2023-11-01］. https：//world. huanqiu. com/article/42BHa2wCHnq.

④ 弗林. 意大利电信公司计划取消华为参与5G建设［EB/OL］.（2021-04-30）［2023-11-12］. https：//www. rfi. fr/cn/科技与文化/20210430-意大利电信公司计划取消华为参与5g建设.

⑤ 张敏. 34家中国实体被美国列入"实体清单"，多数企业称不受影响［EB/OL］.（2021-12-17）［2023-11-13］. http：//www. zqrb. cn/finance/hongguanjingji/2021-12-17/A1639730378666. html.

级的制裁措施①。3 月 17 日，华为面临的挑战进一步加剧，美国共和党众议员要求进一步升级对中芯国际的制裁，意图彻底封锁 16nm 及以下先进制程的制造能力及 DUV 设备②。紧接着，5 月 9 日，硅谷某科技媒体称，美国商务部正考虑进一步禁止美国公司向中国公司出售先进的芯片制造设备，扩大对华半导体制裁禁令③。6 月 1 日，市场又传来动荡消息，彭博社称，全球最大芯片设计软件供应商新思科技（Synopsys）正在配合美国商务部的调查，以确定其是否"违反美国禁令，将关键技术供应给被制裁的中国企业"④。北京时间 11 月 26 日，美国联邦通迅委员会（FCC）发表文件，以美国国家安全为由，禁止中国华为、中兴通讯、海能达、海康威视和大华技术在美国销售相关

　　① 周玲. 华为：2022 年是逐步转危为安的一年，明年将有质量地活下来 [EB/OL]. (2022 - 12 - 30) [2023 - 11 - 14]. https：//www. thepaper. cn/ newsDetail _ forward _ 21364636.

　　② 刘毓坤. 美国叫嚣进一步制裁中芯国际：封锁 16 nm 及以下工艺、DUV [EB/OL]. (2022 - 03 - 20) [2023 - 11 - 12]. https：//tech. ifeng. com/ c/8EX6Mipy6bD.

　　③ 国际技术经济研究所. 拜登政府正起草新行政令以阻止中国获得美国数据 [EB/OL]. (2022 - 05 - 09) [2023 - 11 - 01]. https：//new. qq. com/rain/ a/20220512A08HSA00.

　　④ 芯智讯. 被指控违反禁令为华为海思提供技术支持，新思科技称正全力配合美国政府调查 [EB/OL]. (2022 - 06 - 01) [2023 - 11 - 11]. https：//new. qq. com/rain/a/20220601A0BCNC00.

设备①。

面对美国不断升级的制裁压力和技术封锁，华为创始人任正非说，2023 年甚至到 2025 年，一定要把活下来作为最主要的纲领，要活下来，有质量地活下来②。在这个风云变幻的时代背景下，华为又是如何扭转局面，逆流而上，强势回归的呢？

破局

面临封锁，华为未曾退缩，而是选择主动出击。公司增加投入，加快鸿蒙系统（HarmonyOS）的研发进程。2019 年 8 月，在华为开发者大会上，鸿蒙系统正式亮相，华为 CEO 余承东带着对未来坚定的信念，向世界展示了这一全新的操作系统③。鸿蒙，一个象征着混沌初开的名字，意味着未来无限的可能，被赋予了兼容华为整个生态系统的重要使命。在全球技术供应链受限的背景下，华为选择自主研发，这不仅是逆境中的应激反应，更是深谋远虑的战

---

① 吴俊宇. 美国彻底禁止华为中兴等五中企在美销售，实际冲击有限 [EB/OL]. （2022 - 11 - 28）[2023 - 11 - 12]. https：//news. sina. com. cn/c/2022-11-29/doc-imqqsmrp7872287. shtml.

② 钟振森. 华为任正非最新讲话：未来 3 年活下来，作为最主要纲领 [EB/OL]. （2022 - 08 - 25）[2023 - 11 - 13]. https：//www.163. com/dy/article/HFLFHE1Q0511C82H. html.

③ 21 世纪经济报道. 余承东在华为 2019 开发者大会上的演讲全文 [EB/OL]. （2019 - 08 - 09）[2023 - 11 - 15]. https：//finance. sina. com. cn/roll/2019-08-09/doc-ihytcitm8050618. shtml.

略转型。这一创举不仅是一次技术的革新，更是华为在技术封锁的极限压力下，体现出的坚不可摧的组织韧性。

在 2022 年的华为开发者大会上，华为披露了鸿蒙操作系统的最新统计数据：目前已经有超过 3.2 亿台华为设备运行鸿蒙系统，比上一年翻了一番还多，增长率达到了113%。与此同时，加入鸿蒙生态系统的合作伙伴已经超过 2 200 家，比上一年增加了 22.2%，并且搭载鸿蒙系统的设备出货量已超过 2.5 亿台，同比大幅增长 212%。全球开发者对鸿蒙生态的兴趣也在迅猛增长，参与者已经超过 200 万，同比激增 300%。此外，鸿蒙系统的原子服务数量已超过 5 万个，比上一年增长了 212.5%；同时，华为移动核心服务已向开发者开放了 25 030 个应用程序接口，并有近 4 万款应用随着华为进军全球市场[①]。

尽管鸿蒙系统已经取得了全球瞩目的成绩，华为却依然保持一贯的冷静和克制。在华为中央研究院的一次发言中，任正非透露了华为的谨慎态度——对鸿蒙系统抱有期待，但同时心存忐忑[②]。华为的这种实事求是的态度，是

---

① 第一观点. 三年狂奔，鸿蒙生态已汇流入海，鸿蒙加速成为万物互联时代的数字底座［EB/OL］．（2022 - 11 - 7）［2023 - 11 - 19］. https：//new. qq. com/rain/a/20221107A06YVH00.

② 刘艳. 任正非：鸿蒙、欧拉任重道远，你们还需更加努力［EB/OL］. （2021 - 09 - 15）［2023 - 11 - 16］. https：//www. thepaper. cn/newsDetail _ forward _ 14513321.

其文化的一部分，也是其能够在全球范围内持续领先的重要原因。华为意识到，技术发展是一个动态的过程，今天的成功并不意味着永久的领先。因此，公司在享受成就的同时，也在为可能出现的风险和挑战做准备。在鸿蒙系统取得关注的同时，华为展现出强大的组织韧性——它不仅冷静和克制地面对当下的成就，更是通过长远的规划和持续的创新来应对未来的不确定性。

在硬件领域，面对来自美国的贸易壁垒和技术封锁，华为没有选择退却，反而坚定不移地迈向自主创新之路。通过巨额投资和人才集聚，华为加速了芯片研发和产业自立的进程。华为的坚持不仅仅是为了短期的自保，更是对长期战略目标的坚守——实现在关键技术领域的自给自足，减少对全球供应链的依赖，增强公司应对外部冲击和内部创新的组织韧性。

华为对海思的支持就是这一坚持的明证。面对国际贸易限制的挑战，华为没有选择削减成本中最直接的研发开支，反而提高了投资的比例，将高达20％的营收重新投入研发工作[1]，意在加强海思在技术创新方面的能力，从而

---

① 千年科技说. 前9个月研发费用超千亿，华为为何要提高研发投入比例？[EB/OL]. (2021 - 11 - 02) [2023 - 11 - 19]. https: // new. qq. com/ rain/a/20211102A0DOUS00.

在全球半导体领域实现技术突破，这一比例在同行业中处于领先地位。与此同时，公司致力于全球范围内的人才招募，尤其是芯片设计领域的顶尖专家，为海思的研发项目提供知识和技术支持①。此外，海思采取零裁员政策和放弃短期盈利目标的措施②，为研发人员提供了一个稳定的职业环境，使其能够集中精力进行长期的技术研究和产品开发，这种组织文化方面的支持是提高组织韧性的关键因素。据统计，在过去3年内，华为在研发上的巨额投资达到了4 400亿元人民币，并承诺会进一步提高研发投入，尤其是在芯片、系统及半导体设备等根本科技上的投资③。正如华为轮值董事长徐直军所说："海思对于华为来讲只是一个芯片的设计部门，并不是一个盈利的公司，所以我们对它没有盈利的诉求。现在我们就是养着这支队伍，继

---

① 搞机二师兄. 华为霸气官宣！将招募大量集成电路人才：或要解决芯片制造问题 [EB/OL]. (2020 - 10 - 11) [2023 - 11 - 20]. https：//www. 163. com/dy/article/FOK9J28V05315P41. html.

② 问舟. 华为：海思坚持研发尖端半导体，哪怕无法生产也不会裁员 [EB/OL]. (2021 - 06 - 15) [2023 - 11 - 18]. https：//36kr. com/p/126881485 4968963.

③ 网易号. 尘埃已定！华为宣布重要决定：加大投入研发经费 [EB/OL]. (2023 - 03 - 24) [2023 - 11 - 19]. https：//www. 163. com/dy/article/ I0CEG4NH05538AFG. html.

续向前，只要我们养得起。"[①] 这表明华为将资源集中在最关键的领域，以增强企业核心竞争力的决心。这种前瞻性的资源配置，有助于华为在全球技术竞争中保持领先地位，同时增加了企业面对外部挑战时的稳定性和灵活性。通过持续的资金注入，华为能够在这些领域积累自己的技术储备，降低对外部供应链的依赖。这种自给自足的能力也是组织韧性的体现，提升了组织的整体适应性和恢复力，使得企业能够在全球供应链受到干扰时维持运营和应对竞争。

此外，华为还加强了与国内芯片产业链的协作，通过哈勃投资平台对国内的芯片设计、制造、封装、测试、设备和材料等企业进行大规模投资[②]。时至今日，华为已经投资了超过 70 家国内芯片相关企业[③]，大幅提升了国内芯片产业链的综合实力，促进了国内产业链的共同成长和技术自立，强化了华为及其合作伙伴在面对外部贸易限制时

---

① 徐直军. 华为轮值董事长徐直军：华为不会活于幻想，将长期活在实体清单中 [EB/OL]. (2021 - 04 - 14) [2023 - 11 - 11]. https：//finance. sina. com. cn/chanjing/gsnews/2021-04-14/doc-ikmxzfmk6683262. shtml.

② 陈伊凡，顾翎羽. 三年投资 40 家芯片公司，华为哈勃要做什么 [EB/OL]. (2021 - 07 - 04) [2023 - 11 - 11]. https：//new. qq. com/rain/a/20210704A063ED00.

③ 林志佳. 3 年投资 70 家芯片半导体企业，华为重整"麒麟芯"还有机会吗？[EB/OL]. (2022 - 02 - 16) [2023 - 11 - 15]. https：//new. qq. com/rain/a/20220216A01UJ800.

的应对能力和整体竞争力。华为的投资行为促进了技术知识的流动和产业协同效应，使得国内产业链在芯片设计与制造等方面取得重要进展，推动了一系列技术突破，包括14nm 以上 EDA 工具的国产化[①]。这些成就不仅提升了国内供应链的自给能力，也减少了产业链对外部资源的依赖。自主创新的坚持和产业链的融合，反映了华为预见性规划的一部分，这也是组织韧性的体现。这种韧性不仅让华为能够在不确定性中保持稳定，也为其在全球科技领域的持续竞争中提供了坚实的支撑。在面对限制时，华为能够迅速调整资源配置，保证关键项目的持续投入和研发工作的不间断。这种灵活性和适应性是组织韧性的核心要素，它确保了华为即使在严峻的外部环境下，也能持续推进技术创新和产品开发，从而在全球科技竞争的大潮中保持稳定发展，持续推进技术革新和产业发展，保证了长期的生存和发展。

在跨越技术封锁与贸易障碍的同时，华为持续拓展产业版图，迈向产业多元化，将"优化产业组合，增强产业

---

　　① 潇公子. 轮值董事长徐直军：华为已基本实现 14 nm 以上 EDA 工具国产化 [EB/OL]. (2023 - 03 - 25) [2023 - 11 - 16]. https：//www. ithome. com/0/682/223. htm.

'韧性'"确立为战略核心①。面对全球市场和政治环境的
不确定性，华为通过优化产业组合的战略举措，旨在构建
更具多元化和稳健性的业务结构，进而提高整个产业链的
抗压能力和适应能力。华为的聚焦点——5G、全场景解决
方案、能源管理及供应链的稳健性，都是为了构筑一个在
多方面都具备强大韧性的生态系统②。特别值得注意的是，
华为在 HMS（华为移动服务）、鸿蒙操作系统、云服务，
以及智能汽车解决方案等新兴业务领域的深度投资，不仅
表明了华为探索新增长领域的决心，也反映了华为减少对
传统硬件依赖的战略远见。比如，在智能汽车部件产业的
投资上，华为将自动驾驶软件视为关键领域③。自动驾驶
技术的研发，特别是软件层面的投入，不仅是对未来汽车行
业发展趋势的预判，也是强化组织韧性的有力措施。软件作
为智能汽车的核心，开发与迭代不受硬件先进工艺的直接限
制，这为华为在面临硬件发展瓶颈时，提供了更大的灵活性

---

① 华为. 华为：优化产业组合 用产业韧性应对外部挑战［EB/OL］.
（2021－04－12）［2023－11－11］. https：//www. huawei. com/cn/news/2021/
4/huawei-has-strategy.

② 飞象网. 面向未来，五大战略举措实现持续生存和发展［EB/OL］.
（2023－03－31）［2023－11－13］. https：//new. qq. com/rain/a/20230331A08
7D700.

③ 韩佳. 徐直军：华为投资超 10 亿美金下注智能汽车研发［EB/OL］.
（2021－04－13）［2023－11－18］. https：//www. 36kr. com/p/1180053265498
630.

和主动权。再如，通过在软件和服务领域的深耕，华为能够降低对具备复杂供应链的硬件的依赖。此外，软件的高边际利润和快速的创新周期，也有助于华为在经济上实现快速回报和增长。在全球舞台上，华为面对的挑战是多面且复杂的，然而，借助一系列深思熟虑的战略行动，华为不仅成功维护了业务的连续性，而且为抵御未来潜在的挑战搭建了坚固的防线。这种以组织韧性为核心的战略思维，确保了华为能够在全球范围内持续创新并实现可持续发展。

未来

2023年8月29日，华为宣布其Mate系列手机总发货量已突破1亿台。在没有举办任何发布活动的情况下，华为意外推出了"华为Mate 60 Pro先锋计划"，让一部分用户有机会率先体验这款新手机。8月30日起，华为Mate 60 Pro与华为Mate 60在华为官方商城开启了定金预售模式，并在短短1小时内迅速售罄。到了9月8日，华为Mate 60 Pro＋与Mate X5也加入了"先锋计划"，并正式开始接受预订，继Mate 60 Pro之后，它们也在预售开启的10:08分迅速被抢购一空①。可以说，华为在手机界及

---

① 极果. 杀疯了！华为Mate60 Pro突发开售，国产麒麟芯回归，1秒卖空…[EB/OL].（2023 - 08 - 31）［2023 - 11 - 19］. https：//new. qq. com/rain/a/20230831A02KYB00.

整个科技行业中都掀起了一股热潮。无论是手机发布后引发的网络热议、线上线下的抢购风潮，还是全球媒体的密集报道，抑或是国内外机构的热衷拆解，这一系列的现象级反响使得华为 Mate 60 系列成为万众瞩目的焦点。甚至央视新闻栏目"一加一"也专门制作了长达 20 分钟的特别节目，深入探讨华为 Mate 60 系列的技术革新及其对整个行业的影响[①]。

面对美国的技术封锁和国际贸易壁垒，华为成功突破了封锁，逆风而行。面对未来，华为的道路仍然充满挑战，但也不乏机遇。华为已经证明了自身在极端压力下的适应力和创新力，未来它将继续在 5G、人工智能、物联网以及其他高科技领域探索前沿技术，为全球消费者带来更多颠覆性的产品和服务。尽管当前国际格局复杂多变，华为的发展道路不会一帆风顺，但它已经展现出强大的生命力和进取心。作为科技领域的一股清流，华为的未来走向无疑值得我们拭目以待。

---

① 快科技. 华为 Mate 60 系列再上巅峰："遥遥领先"的爆梗是对技术革命最好的褒奖［EB/OL］.（2023 - 09 - 13）［2023 - 11 - 30］. https：//new. qq. com/rain/a/20230913A058V200.

案例点评

面对中美贸易摩擦和美国政府的全面技术封锁，华为展示了非凡的适应力和恢复力。在全球化的今天，任何企业都可能面临突如其来的挑战。华为的案例表明，企业需要预见性来识别潜在风险，需要适应性和灵活性来应对市场变动，需要恢复力来克服困难，并且需要强有力的领导团队和企业文化来引领组织穿越难关。这些元素构成了组织韧性的核心，是企业在乌卡时代生存和发展的关键。那么，华为是如何逆风翻盘的呢？

首先，让我们梳理一下华为遭遇的主要挑战，可以总结为以下几点：

芯片供应中断：华为自被纳入美国"实体清单"以来，便面临芯片供应不足的紧张局面，特别是在被禁止利用美国的技术和软件来设计和生产半导体芯片之后。这一禁令严重限制了华为从全球顶尖的芯片生产商，如台积电、高通及三星等处采购芯片的可能性，直接打击到华为的旗舰产品——包括麒麟系列处理器和巴龙系列的基带芯片等[①]。

---

① 罗燕珊. 美国对华为极限施压！全面封锁第三方芯片采购路径［EB/OL］.（2020 - 08 - 18）［2023 - 11 - 10］. https：//www. infoq. cn/article/UfQgC9RfdxdCONZGBvxx.

这一系列的供应链中断对华为的核心业务，如智能手机、5G 基站和服务器的制造与销售，都构成了直接的负面影响。

市场份额减少：由于芯片断供导致产品缺货或降配，华为手机在高端市场和海外市场上失去了竞争力。根据国际数据公司（IDC）① 等研究机构的数据，2020 年第四季度至 2021 年第三季度期间，华为智能手机的出货量同比下降了超过一半，市场份额也从全球第一跌落到第六位。

品牌形象受损：美国政府对华为进行了持续的打击和负面的宣传，涉及了一系列的指控，包括指控华为产品可能带来安全风险，违反了国际贸易规则，以及涉嫌盗窃知识产权等②。此外，美国还向其盟友施加压力，敦促它们禁止或至少限制在关键通信基础设施中使用华为提供的设备③。这一系列的举动直接损害了华为的品牌形象，导致一些消费者和合作伙伴对华为产生了疑虑和不信任感。

---

① IDC（International Data Corporation）是全球领先的市场情报公司，公司网址为 https：//www. idc. com/。

② 魏少璞. 美国打压华为又出新招，华为列数美国政府"九宗罪"反击！[EB/OL]. （2019 - 09 - 03）［2023 - 11 - 19］. https：//world. huanqiu. com/article/9CaKrnKmCVu.

③ 台海网. 美媒：美国拉盟友全球围堵"华为"但所有指控至今均无依据[EB/OL]. （2019 - 01 - 28）［2023 - 11 - 29］. https：//www. taihainet. com/news/txnews/gjnews/sh/2019-01-28/2229358. html.

　　而华为在危机中的表现，则是对组织韧性的一次生动的诠释。华为以其顽强的生存能力和不断创新的精神，展示了企业如何在变幻莫测的环境中，不仅能够生存下来，而且实现了跨越式的成长。

　　在面对外部压力和挑战时，华为所展现出的组织韧性，首先体现在对危机的预判和反应上。在美国政府采取限制措施之前，华为便已经开始探索新兴市场，并投资于关键技术，如 5G 和操作系统鸿蒙的研发[1][2]。这种先知先觉的布局使得华为能够在面对限制时，快速切换至备选方案，维持自身业务的稳定性和持续性。因此，在美国等国家的制裁下，华为能够迅速调整全球战略，依靠内部研发的投入，减少对外部供应链的依赖。这种前瞻性的决策和快速的执行力，是华为能够在逆境中保持竞争力的关键。

　　面对全球供应链可能的中断和波动，华为也展现出了非凡的适应性和灵活性。在遭遇关键零部件供应限制的危机时，华为没有选择被动等待，而是迅速进行战略调整，将重点转移到自主创新上，加快了内部研发能力的建设。

---

　　① 36氪. 我国 5G 的发展历程是什么？[EB/OL]（2021 - 06 - 23）[2023 - 11 - 30]. https：//www. 36kr. com/p/1280677265289223.

　　② 思杭. 鸿蒙蜕变与进击：一个国产操作系统的 4 年成长路 [EB/OL]. （2024 - 01 - 02）[2024 - 02 - 12]. https：//new. qq. com/rain/a/20240102A04 YAD00.

即使在最艰难的时期，华为也没有放慢研发的步伐。华为的研发投入占收入的比例高于许多同行，这一点说明了公司对创新的重视程度，也为其长期发展奠定了坚实的基础[①]。其中最具代表性的成就就是鸿蒙操作系统的开发。这个全新的操作系统不仅降低了华为对外部技术的依赖，而且改善了用户的使用体验，在市场上塑造了华为独特的品牌形象[②]。

在面对全球市场和政治环境的重大挑战时，华为也表现出了非凡的恢复力。公司没有选择屈服于外部压力，反而积极构建和优化全球合作伙伴网络，确保供应链的弹性和生产能力的恢复。与此同时，华为不仅在智能手机领域取得了成功，还在网络设备、云计算、企业服务等多个领域有所建树[③]。这种多样化的产品和服务组合为公司提供了多元化的收入，从而增加了企业抵御风险的能力。因此，华为能够快速应对市场变化，及时调整业务战略，以

[①] 钛媒体. 华为年度净利润超 1 100 亿元，研发投入占营收比例创新高丨看财报 [EB/OL]. （2022 - 03 - 28） [2023 - 11 - 19]. https：//tech. ifeng. com/c/8ElD06Ib4I8.

[②] 古芯. "纯血鸿蒙"即将到来 [EB/OL]. （2023 - 08 - 07） [2023 - 11 - 15]. https：//new. qq. com/rain/a/20230819A068AL00.

[③] 黄鑫. 遭遇美国"围追堵截"，华为正加快加强生态圈建设 [EB/OL]. （2020 - 09 - 17） [2023 - 11 - 11]. https：//www. thepaper. cn/newsDetail _ forward _ 9212831.

适应不断变化的外部环境，迅速恢复。

华为独特的企业文化也是不可忽视的[①]。华为的企业文化强调客户的需求和满意度始终是工作的首要目标。这种文化确保了华为在面对危机时能迅速调整战略，保持客户服务的连续和质量，从而维持客户信任和市场地位。华为也将创新视为企业生存和发展的核心动力，鼓励员工持续探索新的技术和解决方案。这种文化在危机中特别重要，因为它能够帮助华为适应新环境，快速开发出应对挑战的技术和产品。同时，华为鼓励开放和直接的沟通，包括自我批评。这种文化有助于华为识别并改正自身的弱点，增强其在不断变化的市场环境中的适应力。在华为，企业文化不只是口号，而是深植于每一项业务和决策之中。这些企业文化共同支撑着华为的组织韧性，使其能够在面临技术禁令、市场压力、地缘政治冲突等危机时，不仅能够生存下来，还能转危为机，继续在全球市场中保持竞争力。

对于华为而言，建立组织韧性是一个持续的过程，而非一次性的战略。这意味着组织韧性并不是单纯通过临时的措施或短期的策略来实现的，而是通过长期、持续的努

---

① 华为技术有限公司. 关于华为: 公司简介 [EB/OL]. [2023 - 11 - 23]. https: //www. huawei. com/cn/corporate-information.

力，在组织的每个层面上培育和维持的。华为的经验表明，组织韧性是一种持续的动态能力，它要求企业不断地评估外部环境，适时调整战略，持续创新，从而保持核心能力，快速恢复到正轨，甚至在逆境中找到新的增长机会。这种能力对所有企业都是至关重要的，尤其是在当前这个快速变化、无法预测的时代。

在这个瞬息万变、充满不确定性的时代，企业遭遇着前所未有的挑战。技术创新的潮流汹涌澎湃，加之政治和社会的风云变幻，所有这些因素汇集成一个巨大的压力源，对企业的生存和发展构成了巨大的考验。但在这压力之下，也孕育着转机与机遇，为那些敏锐捕捉时代脉搏、勇于革新、韧性十足的企业指明了新的发展方向。

华为在危机中的表现，向世界展示了逆境中的成长与突破，证明了组织韧性的力量。它不仅在技术创新上取得了显著的成就，还在全球竞争中保持了强有力的地位。这份经历为全球企业提供了宝贵的借鉴：在不断演变的商业环境中，那些能够培育和维系组织韧性的企业，注定能在生存的战役中屹立不倒，甚至在繁荣的道路上越走越远。

结　语

　　我们想用一句经典的话来为这本书画上一个圆满的句号："唯有变化才是永恒的。"这句话来自古希腊哲学家赫拉克利特，他的这一智慧至今依然适用，无论是对个人还是对组织来说，都具有深远的意义。在这个日新月异、变化迅速的世界中，我们所面临的挑战和机遇也在不断变化。因此，灵敏应变、适应变化，是我们生存和发展的必要条件。

　　让我们再回顾一下 2020 年的情境。那一年，世界遭遇了新冠疫情大流行的挑战。这场突如其来的危机对全球的组织提出了前所未有的挑战。然而，那些能够灵敏应变、迅速调整的组织，不仅成功地应对了这场危机，甚至在危机中找到了新的机遇。比如，许多公司迅速转向远程工作，开发数字产品和服务，从而在危机中生存下来，甚至取得了增长。反观那些无法适应变化、墨守成规的组织，结果往往是困境重重。这就是灵敏应变的重要性，这就是为什么我们需要组织韧性。

在这个瞬息万变的世界中，灵敏应变不只是一种理念，更是一种战略管理的必要能力。对于任何一个组织来说，保持动态能力，增强吸收能力，以及建立组织韧性，已经成为在不可预测的环境中生存和发展的关键。灵敏应变也不只是对于变化的应对，而是一种主动的态度，一种面对不确定性的策略。我们期待，这本书将帮助企业理解并培养这种能力，引导企业在变化的大潮中找到机会，而非被变化所困。

最后，我们希望这本书能够帮助你理解和应用灵敏应变的理念，帮助你的组织（企业）在面对挑战和机遇时，能够做出及时、有效的反应。在变化的世界中，让我们一起灵敏应变，一起迎接挑战，一起探索新的机遇。

致　谢

　　书稿完成时恰逢 2023 年中秋和国庆双节，全国正由新冠疫情的阴霾中逐渐苏醒过来，社会经济活动因国人勤奋向上及政府的经济刺激政策趋于复苏。回想过去一年，恍如隔世，书稿数据收集到一半时，父亲不幸没能扛过新冠疫情，于 2022 年 12 月离世，我浑浑噩噩过完 2023 上半年，安置好母亲，方能继续案例访谈及写作，在此特别感谢王品集团、上海文广演艺集团、欧莱雅集团的高管接待我们，不吝提供各种数据及素材；理想汽车高管特别在忙碌的工作日程中审阅相关章节，在此致以十二万分谢意；感谢中欧国际工商学院案例研究中心派遣案例研究员协助案例采集；感谢蔡旻芬总裁、凌宇光医师副总监主任教授、蔡清徽博士教授、王裕华建筑师教授、蔡青劭博士医师副院长教授、林巧峰博士医师主任教授、蔡旻翰副总、朱怡洁总裁；感谢我的研究团队承担科研工作，张云路博士主任教授、张文浩先生对于撰写工作的全心投入；感谢挚友郭旻奇总经理、简振倡主任、杨冈教授、尹燕君大师、高国洪资深总监充满爱心的关怀鼓励。

更要感谢我的家人在悲伤中有序地承担起家中各项事务。此书特别献给我在中欧国际工商学院的领导，感谢EMBA、AMP及公司特设课程（CSP）的领导提供写作上的支持，学生赋予我源源不绝的灵感，恩情铭记在心。